广东专插本应试宝典

高等数学

华南理工大学出版社科教中心
启航教育普通专升本考试研究中心 编

·广州·

图书在版编目（CIP）数据

广东专插本应试宝典．高等数学/华南理工大学出版社科教中心，启航教育普通专升本考试研究中心编．—广州：华南理工大学出版社，2022.4

ISBN 978-7-5623-7028-4

Ⅰ.①广… Ⅱ.①华… ②启… Ⅲ.①高等数学-成人高等教育-升学参考资料 Ⅳ.①G724.4

中国版本图书馆CIP数据核字（2022）第061076号

Guangdong Zhuanchaben Yingshi Baodian · Gaodeng Shuxue

广东专插本应试宝典·高等数学

华南理工大学出版社科教中心　启航教育普通专升本考试研究中心　编

出 版 人：柯　宁
出版发行：华南理工大学出版社
　　　　　（广州五山华南理工大学17号楼，邮编510640）
　　　　　http://hg.cb.scut.edu.cn　E-mail: scutc13@scut.edu.cn
　　　　　营销部电话：020-87113487　87111048（传真）
策划编辑：林起提
责任编辑：王荷英
责任校对：梁晓艾
印 刷 者：佛山家联印刷有限公司
开　　本：889mm×1194mm　1/16　印张：8　字数：224千
版　　次：2022年4月第1版　2022年4月第1次印刷
定　　价：28.80元

版权所有　盗版必究　　印装差错　负责调换

前言

　　为了帮助参加广东普通高等学校专升本考试的广大考生在备考时能更高效学习《高等数学》课本知识，把握考试的重难点和应试技巧，以顺利通过本科目的考试，启航教育数十位拥有多年一线教学培训以及教材编写经验的名师，严格依照最新广东普通高等学校专升本《高等数学》考试大纲的知识考查范围、参考书目等内容，精心编写出这本具有代表性的专业辅导教材。

　　本辅导教材内容共分为九章：第一章函数、极限与连续，第二章导数与微分，第三章微分中值定理与导数的应用，第四章不定积分，第五章定积分及其应用，第六章常微分方程，第七章多元函数微分法及其应用，第八章重积分，第九章无穷级数。每章都由【考点梳理】+【课前思考】+【考点与要求】+【考点透析】+【本章练习】+【答案解析】板块构成。其中，【考点梳理】是对整章知识点的总结，是该章的内容框架，可以帮助考生迅速了解本章的大致内容，做到一目了然；【课前思考】可帮助考生预习该节课的内容，以更好地把握该节课的重点内容；【考点与要求】是根据最新的考纲，将考纲当中罗列的考点一一提炼出来，并表明考点要求的掌握程度；【考点透析】是根据最新的考纲和考查要求，对书本的知识重点进行筛选和整理得出，有助于考生更加系统地掌该章的每一个知识重点；【本章练习】可帮助考生进行知识点的巩固和回顾；【答案解析】对练习题的疑难点进行解释梳理，可帮助考生在自我检测时快速找到答案，及时解惑。

　　本辅导教材是广东普通高等学校专升本（原专插本）考试复习阶段的必备用书，可帮助考生在进行专业基础课"高等数学"考试复习时提升复习效率，以顺利通过本科目的考试！

　　最后，祝愿参加2022年广东普通高等学校专升本（原专插本）考试的考生们，金榜题名，圆梦全日制本科！

编者

目录 CONTENTS

- **第一章 函数、极限与连续** 001
  - 第一节 映射与函数 002
  - 第二节 极限 008
  - 第三节 连续 013

- **第二章 导数与微分** 020
  - 第一节 导数与微分 020
  - 第二节 导数的计算 024

- **第三章 微分中值定理与导数的应用** 033
  - 第一节 微分中值定理 033
  - 第二节 洛必达法则 036
  - 第三节 导数的应用 038

- **第四章 不定积分** 052
  - 第一节 不定积分的概念与性质 052
  - 第二节 不定积分的计算 054

- **第五章 定积分及其应用** 066
  - 第一节 定积分的概念与计算 066
  - 第二节 定积分的应用 072

- **第六章 常微分方程** 080
  - 第一节 一阶微分方程 080
  - 第二节 二阶线性齐次微分方程 082

- **第七章 多元函数微分法及其应用** 089

- **第八章 重积分** 100
  - 第一节 二重积分 100
  - 第二节 三重积分 105
- **第九章 无穷级数** 114

第一章 函数、极限与连续

考点梳理

```
函数、极限和连续
├── 映射与函数
│   ├── 概念
│   ├── ★基本性质
│   │   ├── ★单调性
│   │   ├── ★奇偶性
│   │   ├── 有界性
│   │   └── 周期性
│   ├── 反函数与四则运算以及复合运算
│   ├── 基本初等函数
│   │   ├── 幂函数
│   │   ├── 指数函数
│   │   ├── 对数函数
│   │   └── 正反三角函数
│   └── 映射
│       ├── 映射的概念
│       └── 映射的性质
│           ├── 遍历性
│           └── 唯一性
├── 极限
│   ├── 数列和极限的定义
│   ├── 数列极限的性质
│   ├── ★★函数极限的概念
│   ├── ★★★函数极限的性质
│   ├── ★★★无穷小量和无穷大量
│   └── ★★★两个重要极限
└── 连续
    ├── 函数连续的概念
    ├── ★★函数连续的性质
    └── 函数的间断点
        ├── 第一类间断点
        │   ├── ★可去间断点
        │   └── ★跳跃间断点
        └── 第二类间断点
            ├── 无穷间断点
            └── 振荡间断点
```

第一节　映射与函数

课前思考

1. 如何求函数的定义域？
2. 如何求反函数？
3. 基本初等函数有哪些？
4. 如何判别是否映射？

考点与要求

考　点	要　求
函数的定义、表示法，分段函数	会求
函数的单调性、奇偶性、有界性、周期性	掌握
反函数与四则运算以及复合运算	理解
幂函数，对数、指数函数，正反三角函数	掌握
映射以及初等函数	掌握

考点透析

一、函数的概念

1. 函数的定义

定义：设 x 与 y 是两个变量，若对于变量 x，在其变化域 D 中的每一个值 x，按照一定法则 f，变量 y 总有唯一确定的值与之对应，则称 f 是定义在 D 上的函数，记作 $y = f(x)$，$x \in D$.

这时称 x 为自变量，y 为因变量，数集 D 称为函数的定义域，也可记作 D_f，相应的函数值的全体构成的集合 $\{y \mid y = f(x), x \in D_f\}$，称为函数的值域，记作 Z 或 Z_f.

注意：构造函数的基本要素有两个，定义域 D 和对应的法则 f. 如果两个函数的定义域相同，对应法则也相同，那么这两个函数就是相同的，否则就是不同的.

【例1】设 $y = \dfrac{1}{x(x-1)} + \sqrt{9 - x^2}$，求定义域.

解：由题可以得出 $x \neq 0$，$x - 1 \neq 0$ 且 $9 - x^2 \geq 0$，得 $|x| \leq 3$ 且 $x \neq 0$，$x \neq 1$. 从而可以得出定义域为 $[-3, 0) \cup (0, 1) \cup (1, 3]$.

解析：一般求定义域要考虑到式子中有几种要注意的情况（表1-1-1）：

表1-1-1　常见定义域情况

常见类型	描述说明	定义域
分式（如 $\dfrac{1}{x-1}$）	式子中含有分母的，分母整体不能为0	$x \neq 1$
偶次根式（如 $\sqrt{x}$）	非负数的式子才能开偶次方根	$x \geq 0$

常见类型	描述说明	定义域
对数函数（如 $\ln x$）	只有正数才能取对数	$x > 0$
反正弦/反余弦（$\arcsin x / \arccos x$）	绝对值不大于1的数才能取反正弦/反余弦	$|x| \leq 1$

对于求定义域需要注意以下几点：

（1）如以上几种情况同时存在，必须同时取交集；

（2）分段函数需要分段求，然后再取并集；

（3）实际问题要考虑实际意义的限制.

2. 函数的表示法

表示函数的主要方法有三种：表格法、图形法以及解析法（公式法）.

3. 复合函数

定义：设函数 $y = f(u)$ 的定义域为 D_f，函数 $u = g(x)$ 的定义域为 D_g，且其值域 $Z_g \subset D_f$，则由下式确定的函数 $y = f[g(x)]$，$x \in D_g$，称为由函数 $u = g(x)$ 与函数 $y = f(u)$ 构成的复合函数，它的定义域为 D_g，变量 u 称为中间变量.

注意：以上述为例，构成复合函数的条件是函数 $g(x)$ 的值域 Z_g 必须要包含于函数 $f(u)$ 的定义域 D_f，否则不能构成复合函数.

【例2】已知 $f(x) = x^2$，求 $f(0)$，$f(10)$，$f(a)$（a 为常数），$f(x+10)$，$f(-x)$，$f[f(x)]$.

解：由 $f(x) = x^2$，得

$f(0) = 0^2 = 0$，$f(10) = 10^2 = 100$，$f(a) = a^2$，

$f(x+10) = (x+10)^2 = x^2 + 20x + 100$，$f(-x) = (-x)^2 = x^2$，

$f[f(x)] = f^2(x) = (x^2)^2 = x^4$.

4. 分段函数

定义：有时一个函数要用几个式子表示，这种在自变量的不同变化范围中，对应法则用不同式子来表示的函数，通常称为分段函数.

注意：分段函数是指用几个式子来表示一个函数，而不是几个函数.

二、函数的简单性质

1. 函数的单调性

定义：设函数 $f(x)$ 的定义域为 D，区间 $I \subset D$. 如果对于区间 I 上任意两点 x_1 及 x_2，当 $x_1 < x_2$ 时，恒有 $f(x_1) < f(x_2)$，则称函数 $f(x)$ 在区间 I 上是单调增加的；如果对于区间 I 上任意两点 x_1 及 x_2，当 $x_1 < x_2$ 时，恒有 $f(x_1) > f(x_2)$，则称函数 $f(x)$ 在区间 I 上是单调减少的.

单调增加和单调减少的函数统称为单调函数.

单调性是第三章导数的应用之一，会在第三章重点讲解它的判定方法.

2. 函数的奇偶性

定义：设函数 $f(x)$ 的定义域 D 关于原点对称.

如果对于任一 $x \in D$，$f(-x) = f(x)$ 恒成立，则称 $f(x)$ 为偶函数．
如果对于任一 $x \in D$，$f(-x) = -f(x)$ 恒成立，则称 $f(x)$ 为奇函数．

注意：判断函数奇偶性，首先一定要定义域关于原点对称；偶函数的图象关于 y 轴是对称的，即如果点 $P(x, f(x))$ 在图象上，则点 $P_1(-x, f(x))$ 也在图象上；奇函数的图象关于原点是对称的，即如果点 $Q(x, f(x))$ 在图象上，则点 $Q_1(-x, -f(x))$ 也在图象上．

【例3】判断下列函数的奇偶性．

（1）$f(x) = \ln(x + \sqrt{1 + x^2})$；

（2）$f(x) = \begin{cases} x(1-x), & x > 0 \\ x(1+x), & x < 0 \end{cases}$．

解：（1）因为 $f(-x) = \ln(-x + \sqrt{1 + (-x)^2}) = \ln \dfrac{1}{x + \sqrt{1 + x^2}} = -\ln(x + \sqrt{1 + x^2}) = -f(x)$，所以 $f(x)$ 为奇函数．

（2）当 $x > 0$ 时，$-x < 0$，$f(-x) = -x[1 + (-x)] = -x(1 - x) = -f(x)$；

当 $x < 0$ 时，$-x > 0$，$f(-x) = -x[1 - (-x)] = -x(1 + x) = -f(x)$．

所以 $f(x)$ 为奇函数．

解析：判定函数的奇偶性可以严格套用定义，奇函数可用 $f(x) + f(-x) = 0$ 判定，这里的第二小题是分段函数，一定要讨论完整．

3. 函数的有界性

定义：设函数 $f(x)$ 的定义域为 D，区间 $I \subset D$．如果存在正数 M，使得 $|f(x)| \leq M$ 对于任一 $x \in I$ 都成立，则称函数 $f(x)$ 在 I 上有界．

4. 函数的周期性

定义：设函数 $f(x)$ 的定义域为 D．如果存在一个正数 T，使得对于任一 $x \in D$ 有 $(x \pm T) \in D$，且 $f(x + T) = f(x)$ 恒成立，则称 $f(x)$ 为周期函数，T 称为 $f(x)$ 的周期．通常我们说周期函数的周期是指最小正周期．

三、反函数

定义：设有函数 $y = f(x)$，其定义域为 D，值域为 E，若对于 E 中的每个 y 值都可由方程 $y = f(x)$ 唯一地确定出 D 中的 x 值，则得到的一个定义在 E 上的函数，这个函数称为函数 $y = f(x)$ 的反函数，记作 $x = f^{-1}(y)$，$y \in E$．

注意：$y = f(x)$ 的图象与 $y = f^{-1}(x)$ 的图象关于直线 $y = x$ 对称．

【例4】求函数 $y = 3x + 1$ 的反函数．

解：由 $y = f(x) = 3x + 1$，

得 $x = f^{-1}(y) = \dfrac{y - 1}{3}$．

将 y 换成 x，x 换成 y，可以得到 $y = 3x + 1$ 的反函数 $y = f^{-1}(x) = \dfrac{x - 1}{3}$．

【例5】求函数 $y = \begin{cases} -x, & -1 \leq x \leq 0 \\ x+1, & 0 < x \leq 1 \end{cases}$ 的反函数.

解：当 $-1 \leq x \leq 0$ 时，由 $y = -x$，得 $x = -y(0 \leq y \leq 1)$，即当 $-1 \leq x \leq 0$ 时，$f(x)$ 的反函数为 $x = f^{-1}(y) = -y(0 \leq y \leq 1)$.

当 $0 < x \leq 1$ 时，由 $y = x+1$，得 $x = y-1(1 < y \leq 2)$，即当 $0 < x \leq 1$ 时，$f(x)$ 的反函数为 $x = f^{-1}(y) = y-1(1 < y \leq 2)$.

将 y 换成 x，x 换成 y，可以得到 $y = \begin{cases} -x, & -1 \leq x \leq 0 \\ x+1, & 0 < x \leq 1 \end{cases}$ 的反函数为 $y = \begin{cases} -x, & 0 \leq x \leq 1 \\ x-1, & 1 < x \leq 2 \end{cases}$.

四、函数的四则运算

设函数 $f(x)$，$g(x)$ 的定义域依次为 D_1，D_2，$D = D_1 \cap D_2 \neq \varnothing$，则可以定义这两个函数的下列运算：

和（差）：$F(x) = f(x) \pm g(x), x \in D$；

积：$G(x) = f(x) \cdot g(x), x \in D$；

商：$H(x) = \dfrac{f(x)}{g(x)}$，$x \in D\{x | g(x) \neq 0, x \in D\}$（指在 D 中剔除使 $g(x) = 0$ 的 x 值）.

五、基本初等函数

1. 幂函数

定义：一般地，形如 $y = x^{\mu}$（$\mu \in \mathbf{R}$ 并且是常数）的函数，即以底数为自变量，幂为因变量，指数为常数的函数称为幂函数.

定义域：随着 μ 的变化而变化.

性质：当 $\mu > 0$ 时，图象都经过点 $(1,1)$ 和点 $(0,0)$，在区间 $[0,+\infty)$ 上是单调增加的；当 $\mu < 0$ 时，图象都经过点 $(1,1)$，在区间 $(0,+\infty)$ 上是单调减少的.

2. 指数函数

定义：一般地，函数 $y = a^x (a > 0$ 且 $a \neq 1)$ 叫做指数函数.

定义域：$\mathbf{R}$；值域：$(0,+\infty)$.

性质：函数图象都是上凹的；都经过点 $(0,1)$；当 $a > 1$ 时，函数单调增加；当 $0 < a < 1$ 时，函数单调减少.

3. 对数函数

定义：一般地，函数 $y = \log_a x (a > 0$ 且 $a \neq 1)$ 叫做对数函数.

定义域：$(0,+\infty)$；值域：$\mathbf{R}$.

性质：函数图象都经过点 $(1,0)$；当 $a > 1$ 时，函数单调增加；当 $0 < a < 1$ 时，函数单调减少.

特殊对数函数：以 $a = e$ 为底的对数函数称为自然对数，简记为 $y = \ln x$；以 $a = 10$ 为底的对数函数称为常用对数，简记为 $y = \lg x$.

4. 三角函数

常见三角函数（表 1-1-2）：

表1-1-2 常见三角函数

常见类型	正弦函数 $y=\sin x$	余弦函数 $y=\cos x$	正切函数 $y=\tan x$
定义域	**R**	**R**	$x \neq \dfrac{\pi}{2}+k\pi (k \in \mathbf{Z})$ 的一切实数
值域	$[-1,1]$	$[-1,1]$	**R**
性质	奇函数	偶函数	奇函数
周期	2π	2π	π
图象			

其他三角函数：$y=\sec x$；$y=\csc x$；$y=\cot x$.

公式：

（1）倒数/商数关系.

$\csc x = \dfrac{1}{\sin x}$；$\sec x = \dfrac{1}{\cos x}$；$\tan x = \dfrac{\sin x}{\cos x}$；$\cot x = \dfrac{\cos x}{\sin x}$.

（2）平方关系.

$\sin^2 x + \cos^2 x = 1$；$1 + \tan^2 x = \sec^2 x$.

（3）二倍角关系.

$\sin 2x = 2\sin x \cos x$；$\tan 2x = \dfrac{2\tan x}{1-\tan^2 x}$；

$\cos 2x = \cos^2 x - \sin^2 x = 2\cos^2 x - 1 = 1 - 2\sin^2 x$.

5. 反三角函数

常见反三角函数（表 1-1-3）：

（1）$y = \arcsin x$，$x \in [-1,1]$，$y \in \left[-\dfrac{\pi}{2},\dfrac{\pi}{2}\right]$；

（2）$y = \arccos x$，$x \in [-1,1]$，$y \in [0,\pi]$；

（3）$y = \arctan x$，$x \in (-\infty,+\infty)$，$y \in \left(-\dfrac{\pi}{2},\dfrac{\pi}{2}\right)$.

表1-1-3 常见反三角函数

常见类型	反正弦函数 $y = \arcsin x$	反余弦函数 $y = \arccos x$	反正切函数 $y = \arctan x$
定义域	$[-1,1]$	$[-1,1]$	$(-\infty,+\infty)$
值域	$\left[-\dfrac{\pi}{2},\dfrac{\pi}{2}\right]$	$[0,\pi]$	$\left(-\dfrac{\pi}{2},\dfrac{\pi}{2}\right)$

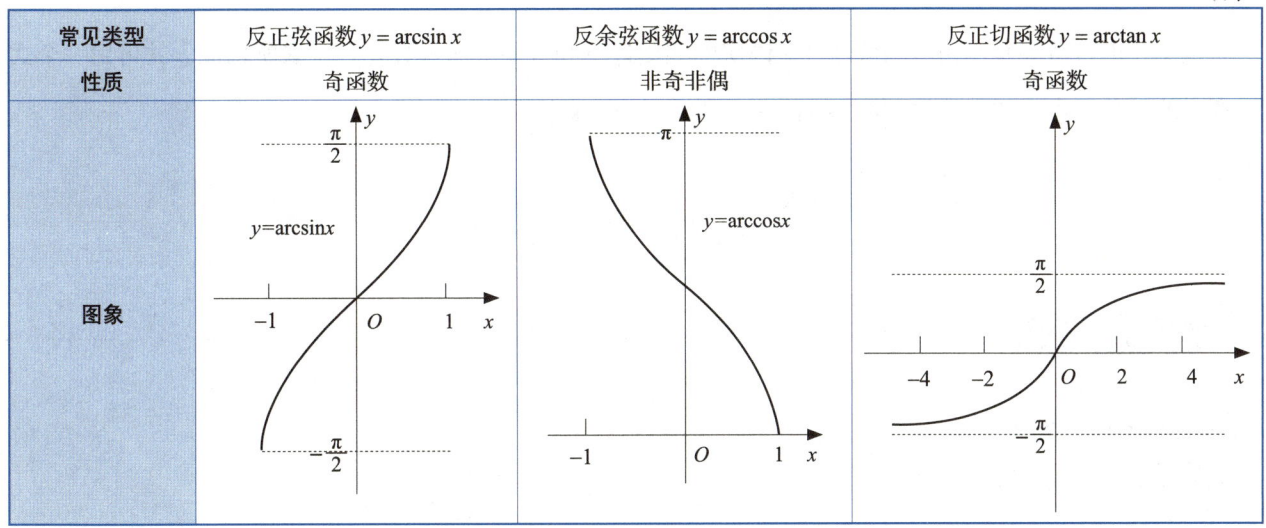

六、映射

1. 映射的定义

设 A，B 是两个非空集合，如果存在一个法则 f，使得集合 A 中的每一个元素 a，按照法则 f，在集合 B 中有唯一确定的元素 b 与之对应，则称 f 为集合 A 到 B 的映射，记作 $f: A \to B$. 而函数实际上就是两个非空数集之间的映射，比如函数 $y = f(x)$ 形式，即为由 x 的所有数集通过 f 法则在 y 数集中能找到每一个 x 的唯一对应值.

2. 映射的性质

（1）遍历性：形如 $y = f(x)$ 中，每一个 x 的取值都会有一个 y 值与之相对应，如 $y = 2x + 1$，x 的定义域为 $\mathbf{R}$，当 $x = 1$ 时，$y = 3$；当 $x = -1$ 时，$y = -1$，无论 x 取何值，总会有 y 值与之相对应.

（2）唯一性：形如 $y = f(x)$ 中，定义域中每一个 x 在对应法则 f 下有且只有唯一一个 y 值与之相对应.（注：不同的 x 值是可以对应于同一个 y 值的，即可以多对一，但不可一对多. 如 $y = |x|$，当 $x = -1$ 或 $x = 1$ 时，y 值都为 1.）

【例6】下列对应关系中是映射的有（　　　）.

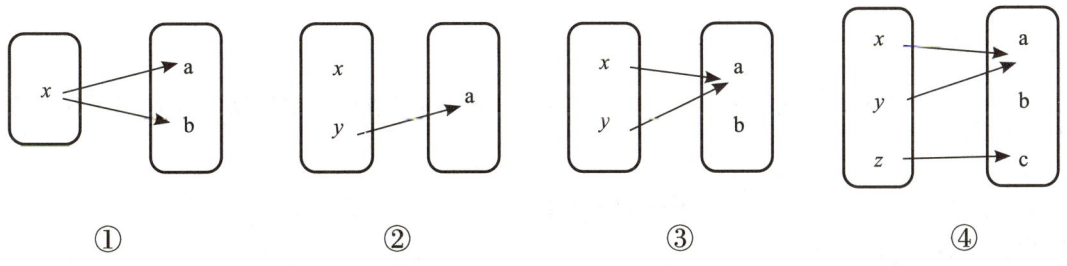

答案：③④.

解析：①中一对多，错误；②中 x 取不到对应的值，错误；③左边所有值都在右边有唯一确定值对应，正确；④同③，正确.

七、初等函数

定义：由常数和基本初等函数经过有限次的四则运算和有限次的函数复合步骤所构成，并可用一个式子表示的函数，称为初等函数. 例如：$y = \sqrt{x^3 - 1}$，$y = \cos x$.

第二节 极限

课前思考

1. 什么是数列？
2. 什么是极限？
3. 如何求极限？
4. 什么是无穷大量和无穷小量？

考点与要求

考　点	要　求
数列和数列极限的定义	了解
数列极限的性质	掌握
函数极限的概念	了解
函数极限的性质	掌握
无穷小量与无穷大量	掌握
两个重要极限	掌握

考点透析

一、数列和数列极限的定义

1. 数列的定义

定义：如果按照某一法则，对每个 $n \in \mathbf{N}_+$，对应着一个确定的实数 x_n，这些实数 x_n 按照下标 n 从小到大排列得到的一个序列

$$x_1, x_2, x_3, \cdots, x_n, \cdots,$$

就叫做数列，简记为数列 $\{x_n\}$.

2. 数列极限的定义

定义：设 $\{x_n\}$ 为一数列，如果存在常数 a，对于任意给定的正数 ξ（不论多么小），总存在正整数 N，使得当 $n > N$ 时，不等式

$$|x_n - a| < \xi,$$

都成立，那么就称常数 a 是数列 $\{x_n\}$ 的极限，或者说数列 $\{x_n\}$ 收敛于 a，记为

$$\lim_{n\to\infty} x_n = a \quad \text{或} \quad x_n \to a(n\to\infty).$$

如果不存在这样的常数a，就说数列$\{x_n\}$没有极限，或者说数列$\{x_n\}$是发散的，习惯上也说$\lim_{n\to\infty} x_n$不存在.

二、数列极限的性质

定理1（极限的唯一性）：如果数列$\{x_n\}$收敛，那么它的极限唯一.

定理2（收敛数列的有界性）：如果数列$\{x_n\}$收敛，那么数列$\{x_n\}$一定有界.

定理3（四则运算定理）：设数列$\{x_n\}$，$\{y_n\}$的极限分别为$\lim_{n\to\infty} x_n = A$，$\lim_{n\to\infty} y_n = B$，则有

（1）$\lim_{n\to\infty}(\alpha x_n \pm \beta y_n) = \alpha A \pm \beta B$（$\alpha, \beta$为常数）；

（2）$\lim_{n\to\infty}(x_n \cdot y_n) = AB$；

（3）$\lim_{n\to\infty} \dfrac{x_n}{y_n} = \dfrac{A}{B}(B\neq 0)$.

定理4（夹逼定理）：如果数列$\{x_n\}$，$\{y_n\}$，$\{z_n\}$满足下列条件：从某项起，存在正整数N，当$n > N$时，有$y_n \leq x_n \leq z_n$，且$\lim_{n\to\infty} y_n = \lim_{n\to\infty} z_n = a$，则$\lim_{n\to\infty} x_n = a$.

定理5（单调有界数列极限存在性定理）：若数列$\{x_n\}$单调增加有上界（单调减少有下界），则数列$\{x_n\}$收敛，即单调有界数列必有极限.

三、函数极限的概念

1. 函数在一点处的极限定义

定义：设函数$f(x)$在点x_0的某一去心邻域内有定义. 如果存在常数A，对于任意给定的正数ξ（无论它多么小），总存在正数δ，使得当x满足不等式$0 < |x - x_0| < \delta$时，对应的函数值$f(x)$都满足不等式

$$|f(x) - A| < \xi,$$

那么常数A就叫做函数$f(x)$当$x \to x_0$时的极限，记作

$$\lim_{x\to x_0} f(x) = A \quad \text{或} \quad f(x) \to A.$$

2. 左右极限及其与极限的关系

上述$x \to x_0$时，函数$f(x)$在极限概念中，x是既从x_0的左侧，也从x_0的右侧趋于x_0的.

当x仅从x_0的左侧趋于x_0（记作$x \to x_0^-$）时的极限，即$\lim_{x\to x_0^-} f(x) = A$，叫做函数$f(x)$当$x \to x_0$时的左极限.

类似地，当x仅从x_0的右侧趋于x_0（记作$x \to x_0^+$）时的极限，即$\lim_{x\to x_0^+} f(x) = A$，叫做函数$f(x)$当$x \to x_0$时的右极限.

函数$f(x)$当$x \to x_0$时极限存在的充分必要条件是左极限和右极限各自存在并且相等，即

$$\lim_{x\to x_0^-} f(x) = \lim_{x\to x_0^+} f(x).$$

【例1】（1）设 $f(x)=\begin{cases} x, & x<3 \\ 3x-1, & x\geq 3 \end{cases}$，讨论 $x\to 3$ 时，$f(x)$ 的极限.

（2）$f(x)=\dfrac{|x|}{x}$，判断函数 $f(x)$ 在 $x=0$ 处的函数极限是否存在.

解：（1）$\lim\limits_{x\to 3^-}f(x)=\lim\limits_{x\to 3^-}x=3$，$\lim\limits_{x\to 3^+}f(x)=\lim\limits_{x\to 3^+}(3x-1)=8$，$\lim\limits_{x\to 3^-}f(x)\neq \lim\limits_{x\to 3^+}f(x)$.

所以 $x\to 3$ 时，$f(x)$ 的极限不存在.

（2）先去绝对值，由题得 $f(x)=\begin{cases} 1, & x>0 \\ -1, & x<0 \end{cases}$，$\lim\limits_{x\to 0^-}f(x)=\lim\limits_{x\to 0^-}-1=-1$，$\lim\limits_{x\to 0^+}f(x)=\lim\limits_{x\to 0^+}1=1$，$\lim\limits_{x\to 0^-}f(x)\neq \lim\limits_{x\to 0^+}f(x)$.

所以 $x\to 0$ 时，$f(x)$ 的极限不存在.

3. 趋于无穷大时函数极限的定义

定义： 设函数 $f(x)$ 当 $|x|$ 大于某一正数时有定义.如果存在常数 A，对于任意给定的正数 ε（不论它多么小），总存在正数 X，使得当 x 满足不等式 $|x|>X$ 时，对应的函数值 $f(x)$ 都满足不等式

$$|f(x)-A|<\varepsilon,$$

那么常数 A 就叫做函数 $f(x)$ 当 $x\to\infty$ 时的极限，记作 $\lim\limits_{x\to\infty}f(x)=A$.

4. 函数极限的几何意义

从几何上来说，$\lim\limits_{x\to\infty}f(x)=A$ 的意义是：作直线 $y=A+\varepsilon$ 和 $y=A-\varepsilon$，则总有一个正数 X 存在，使得当 $x<-X$ 或 $x>X$ 时，函数 $y=f(x)$ 的图形位于这两直线之间.这时，直线 $y=A$ 是函数 $y=f(x)$ 的图形的水平渐近线.

四、函数极限的性质

定理6（极限的唯一性）：如果 $\lim\limits_{x\to\infty}f(x)$ 存在，那么这极限唯一.

定理7（夹逼定理）：如果函数 $f(x)$，$g(x)$，$h(x)$ 满足 $f(x)\leq g(x)\leq h(x)$ 且 $\lim\limits_{x\to\infty}f(x)=A$，$\lim\limits_{x\to\infty}h(x)=A$，则有 $\lim\limits_{x\to\infty}g(x)=A$.

定理8（四则运算定理）：设函数 $f(x)$，$g(x)$ 的极限分别为 $\lim\limits_{x\to x_0}f(x)=A$，$\lim\limits_{x\to x_0}g(x)=B$，则

（1）$\lim\limits_{x\to x_0}[\alpha f(x)\pm\beta g(x)]=\alpha A\pm\beta B$（$\alpha$，$\beta$ 为常数）；

（2）$\lim\limits_{x\to x_0}[f(x)\cdot g(x)]=AB$；

（3）$\lim\limits_{x\to x_0}\dfrac{f(x)}{g(x)}=\dfrac{A}{B}(B\neq 0)$.

【例2】 求 $\lim\limits_{n\to\infty}\sqrt{1+\dfrac{1}{n}}$.

解： $1<\sqrt{1+\dfrac{1}{n}}<1+\dfrac{1}{n}$，而 $\lim\limits_{n\to\infty}1=1$，$\lim\limits_{n\to\infty}(1+\dfrac{1}{n})=1$，由夹逼定理得 $\lim\limits_{n\to\infty}\sqrt{1+\dfrac{1}{n}}=1$.

【例3】计算下列极限.

（1）$\lim\limits_{x\to 2}\dfrac{x^2+5}{x-3}$；

（2）$\lim\limits_{x\to\sqrt{3}}\dfrac{x^2-3}{x^2+1}$.

解：（1）$\lim\limits_{x\to 2}(x^2+5)=9$，$\lim\limits_{x\to 2}(x-3)=-1\neq 0$，$\lim\limits_{x\to 2}\dfrac{x^2+5}{x-3}=\dfrac{9}{-1}=-9$.

（2）$\lim\limits_{x\to\sqrt{3}}(x^2-3)=0$，$\lim\limits_{x\to\sqrt{3}}(x^2+1)=4\neq 0$，$\lim\limits_{x\to\sqrt{3}}\dfrac{x^2-3}{x^2+1}=\dfrac{0}{4}=0$.

五、无穷小量与无穷大量

1. 无穷小与无穷大的定义

无穷小：如果函数 $f(x)$ 当 $x\to x_0$（或 $x\to\infty$）时的极限为零，那么称函数 $f(x)$ 为当 $x\to x_0$（或 $x\to\infty$）时的无穷小.

无穷大：如果当 $x\to x_0$（或 $x\to\infty$）时，对应的函数值的绝对值 $|f(x)|$ 无限增大，那么称函数 $f(x)$ 为当 $x\to x_0$（或 $x\to\infty$）时的无穷大.

无穷大与无穷小的关系：在自变量的同一变化中，如果 $f(x)$ 为无穷大，则 $\dfrac{1}{f(x)}$ 为无穷小；反之，如果 $f(x)$ 为无穷小，且 $f(x)\neq 0$，则 $\dfrac{1}{f(x)}$ 为无穷大.

【例4】当 $x\to 0$ 时，函数（　　）是无穷小量.

A. $\dfrac{1}{x}$ 　　B. $\dfrac{\sin x}{x}$ 　　C. e^x-1 　　D. $\dfrac{x+1}{x^2}$

答案：C.

解析：无穷小量就是极限为 0 的量，$\lim\limits_{x\to 0}(e^x-1)=0$.

【例5】求 $\lim\limits_{x\to 0}x^2\sin\dfrac{1}{x}$.

解：$\sin\dfrac{1}{x}$ 是有界函数，$\lim\limits_{x\to 0}x^2=0$，

有界函数与无穷小的乘积还是无穷小，所以 $\lim\limits_{x\to 0}x^2\sin\dfrac{1}{x}=0$.

2. 无穷小的性质

定理9：有限个无穷小的和也是无穷小.
定理10：有界函数与无穷小的乘积是无穷小.
推论：常数与无穷小的乘积是无穷小；有限个无穷小的乘积也是无穷小.

3. 无穷小的比较

设 $\lim f(x)=0$，$\lim g(x)=0$ 两个函数都是在同一自变量的变化过程中的无穷小，且 $\lim\dfrac{f(x)}{g(x)}=A$.

（1）$A=0$，则称 $f(x)$ 是比 $g(x)$ 高阶的无穷小，记作 $f(x)=o[g(x)]$；

（2）$A = \infty$，则称 $f(x)$ 是比 $g(x)$ 低阶的无穷小；

（3）$A \neq 0$，则称 $f(x)$ 与 $g(x)$ 是同阶无穷小；

（4）$A = 1$，则称 $f(x)$ 与 $g(x)$ 是等价无穷小，记作 $f(x) \sim g(x)$.

几种常见的等价无穷小：

当 $x \to 0$ 时，

（1）$\sin x \sim x$，$\tan x \sim x$，$\arcsin x \sim x$，$\arctan x \sim x$，$e^x - 1 \sim x$，$\ln(1+x) \sim x$；

（2）$1 - \cos x \sim \dfrac{1}{2} x^2$，$\sec x - 1 \sim \dfrac{1}{2} x^2$；

（3）$(1+x)^{\frac{1}{n}} - 1 \sim \dfrac{1}{n} x$.

【例6】当 $x \to 0$ 时，下列各函数都是无穷小，试确定哪些是 x 的高阶无穷小，哪些是同阶无穷小，哪些是等价无穷小.

（1）$x^2 + x$；　　　　（2）$x + \sin x$；

（3）$x - \sin x$；　　　（4）$1 - \cos 2x$；

（5）$\tan x$；　　　　（6）$\tan 2x$.

解：（1）$\lim\limits_{x \to 0} \dfrac{x^2 + x}{x} = \lim\limits_{x \to 0}(x+1) = 1$，所以 $x^2 + x$ 是 x 的等价无穷小；

（2）$\lim\limits_{x \to 0} \dfrac{x + \sin x}{x} = \lim\limits_{x \to 0}(1 + \dfrac{\sin x}{x}) = 2$，所以 $x + \sin x$ 是 x 的同阶无穷小；

（3）$\lim\limits_{x \to 0} \dfrac{x - \sin x}{x} = \lim\limits_{x \to 0}(1 - \dfrac{\sin x}{x}) = 0$，所以 $x - \sin x$ 是 x 的高阶无穷小；

（4）$\lim\limits_{x \to 0} \dfrac{1 - \cos 2x}{x} = \lim\limits_{x \to 0} \dfrac{\dfrac{1}{2}(2x)^2}{x} = \lim\limits_{x \to 0} 2x = 0$，所以 $1 - \cos 2x$ 是 x 的高阶无穷小；

（5）$\lim\limits_{x \to 0} \dfrac{\tan x}{x} = 1$，所以 $\tan x$ 是 x 的等价无穷小；

（6）$\lim\limits_{x \to 0} \dfrac{\tan 2x}{x} = 2 \lim\limits_{x \to 0} \dfrac{\tan 2x}{2x} = 2$，所以 $\tan 2x$ 是 x 的同阶无穷小.

六、两个重要极限

（1）当 $x \to 0$ 时，函数 $\dfrac{\sin x}{x}$ 趋向于 1，即极限 $\lim\limits_{x \to 0} \dfrac{\sin x}{x} = 1$.

（2）当 $x \to \infty$ 时，函数 $(1 + \dfrac{1}{x})^x$ 趋向于 e，即极限 $\lim\limits_{x \to \infty}(1 + \dfrac{1}{x})^x = e$ 或 $\lim\limits_{x \to 0}(1 + x)^{\frac{1}{x}} = e$.

注意：上述两个重要极限的模式可看作

$$\lim_{f(x) \to 0} \dfrac{\sin f(x)}{f(x)} = 1，\quad \lim_{f(x) \to \infty}\left[1 + \dfrac{1}{f(x)}\right]^{f(x)} = e \text{ 或 } \lim_{f(x) \to 0}[1 + f(x)]^{\frac{1}{f(x)}} = e.$$

【例7】计算下列极限.

（1）$\lim\limits_{x \to 0} \dfrac{\sin 2x}{\sin 5x}$；

（2）$\lim\limits_{x \to 0} (\dfrac{2-x}{2})^{\frac{2}{x}}$.

解：（1）$\lim\limits_{x \to 0} \dfrac{\sin 2x}{\sin 5x} = \lim\limits_{x \to 0} \dfrac{2x}{5x} = \dfrac{2}{5}$；

（2）$\lim\limits_{x \to 0} (\dfrac{2-x}{2})^{\frac{2}{x}} = \lim\limits_{x \to 0} (1 - \dfrac{x}{2})^{-\frac{2}{x} \cdot (-1)} = e^{-1}$.

第三节 连续

课前思考

1. 何为函数的连续和间断？
2. 何为函数连续的概念？
3. 如何求函数的间断点？
4. 如何区分函数间断点的类别？

考点与要求

考 点	要 求
函数连续的概念	理解
函数连续的性质	理解
求函数的间断点及确定类型	掌握
闭区间上连续函数的性质	理解

考点透析

一、函数连续的概念

1. 函数在点 x_0 处的连续性

定义1：设函数 $y = f(x)$ 在点 x_0 的某个邻域内有定义，如果当自变量的改变量 Δx（初值为 x_0）趋近于 0 时，相应的函数改变量 Δy 也趋近于 0，即

$$\lim_{\Delta x \to 0} \Delta y = \lim_{\Delta x \to 0} [f(x_0 + \Delta x) - f(x_0)] = 0,$$

则称函数 $y = f(x)$ 在点 x_0 处连续.

定义2：设函数 $y = f(x)$ 在点 x_0 的某个邻域内有定义，如果当 $x \to x_0$ 时，函数 $f(x)$ 的极限值存在，且

等于 x_0 处的函数值 $f(x_0)$，即

$$\lim_{x \to x_0} f(x) = f(x_0),$$

则称函数 $y = f(x)$ 在点 x_0 处连续.

定义 3（左连续和右连续的定义）：设函数 $y = f(x)$，如果 $\lim\limits_{x \to x_0^-} f(x) = f(x_0)$，则称函数 $f(x)$ 在点 x_0 处左连续；如果 $\lim\limits_{x \to x_0^+} f(x) = f(x_0)$，则称函数 $f(x)$ 在点 x_0 处右连续.

2. 函数在一点连续的充要条件

函数 $f(x)$ 在点 x_0 处连续的充分必要条件：函数 $f(x)$ 在点 x_0 处左连续且右连续.

【例 1】 设函数 $= f(x) = \begin{cases} -1, & x < -1 \\ x^2, & -1 \leq x \leq 1 \\ 1, & x > 1 \end{cases}$，求 $f(x)$ 在 $x = 1$ 和 $x = -1$ 处的连续性.

解：$\lim\limits_{x \to 1^-} f(x) = \lim\limits_{x \to 1^-} x^2 = 1$，$\lim\limits_{x \to 1^+} f(x) = \lim\limits_{x \to 1^+} 1 = 1$，$\lim\limits_{x \to 1^-} f(x) = \lim\limits_{x \to 1^+} f(x) = f(1)$，$f(x)$ 在 $x = 1$ 处连续. 同理，可求得 $f(x)$ 在 $x = -1$ 处是不连续的.

3. 函数的间断点及其分类

定义：设函数 $f(x)$ 在点 x_0 的某去心邻域内有定义，若函数 $f(x)$ 在点 x_0 不连续，则称 x_0 为函数 $f(x)$ 的间断点.

分类：若 x_0 是 $f(x)$ 的间断点，而 $f(x)$ 在 x_0 的左、右极限分别存在（包括相等或不等），则称 x_0 为 $f(x)$ 的第一类间断点；若 x_0 是 $f(x)$ 的间断点，而 $f(x)$ 在 x_0 的左、右极限中至少有一个不存在，则称 x_0 为 $f(x)$ 的第二类间断点.

第一类间断点：

（1）可去间断点：如果 $\lim\limits_{x \to x_0} f(x) = A$，而 $f(x)$ 在 x_0 没有定义或者 $f(x_0) \neq A$，则称 x_0 为函数 $f(x)$ 的可去间断点.

（2）跳跃间断点：如果 $f(x)$ 在 x_0 的左、右极限分别存在，但并不相等，即

$$\lim_{x \to x_0^-} f(x) \neq \lim_{x \to x_0^+} f(x),$$

则称 x_0 为函数 $f(x)$ 的跳跃间断点.

第二类间断点包括无穷间断点和振荡间断点. 当 $x \to x_0^-$ 或 $x \to x_0^+$ 时，函数 $f(x) \to \infty$，则称 x_0 为函数 $f(x)$ 的无穷间断点，如 $x = 0$ 是 $f(x) = \dfrac{1}{x}$ 的无穷间断点；当 $x \to x_0$ 时，函数 $f(x)$ 的极限不存在，呈上下振荡情形，则称 x_0 为函数 $f(x)$ 的振荡间断点，如 $x = 0$ 是 $f(x) = \sin\dfrac{1}{x}$ 的振荡间断点.

【例 2】 设函数 $f(x) = \begin{cases} 2x - 1, & x \leq 1 \\ 4 - 5x, & x > 1 \end{cases}$，则 $x = 1$ 是函数的哪一类型的间断点？

解：$\lim\limits_{x \to 1^-} f(x) = \lim\limits_{x \to 1^-}(2x - 1) = 1$，$\lim\limits_{x \to 1^+} f(x) = \lim\limits_{x \to 1^+}(4 - 5x) = -1$，$\lim\limits_{x \to 1^-} f(x) \neq \lim\limits_{x \to 1^+} f(x)$，所以 $x = 1$ 是第一类间断点，为跳跃间断点.

【例3】函数 $f(x) = \dfrac{x}{1+\dfrac{1}{x}}$ 的间断点是_____.

答案：$x=0$，$x=-1$.

【例4】点 $x=0$ 是函数 $f(x) = \arctan\dfrac{1}{x}$ 的（　　）.

A. 连续点　　　　B. 跳跃间断点　　　　C. 可去间断点　　　　D. 第二类间断点

答案：B.

解析：$\lim\limits_{x\to 0^-}\arctan\dfrac{1}{x} = -\dfrac{\pi}{2}$，$\lim\limits_{x\to 0^+}\arctan\dfrac{1}{x} = \dfrac{\pi}{2}$，左、右极限存在但并不相等，故为跳跃间断点.

二、函数连续的性质

1. 四则运算连续性

定理1：设函数 $f(x)$ 和 $g(x)$ 在点 x_0 处连续，则它们的和（差）$f \pm g$、积 $f \cdot g$ 及商 $\dfrac{f}{g}$（当 $g(x) \neq 0$ 时）都在点 x_0 连续.

2. 复合函数连续性

定理2：设函数 $u=g(x)$ 当 $x \to x_0$ 时极限存在且等于 a，即 $\lim\limits_{x\to x_0}g(x)=a$，而函数 $y=f(u)$ 在点 $u=a$ 连续，那么复合函数 $y=f[g(x)]$ 当 $x \to x_0$ 时极限存在且等于 $f(a)$，即

$$\lim\limits_{x\to x_0}f[g(x)] = \lim\limits_{u\to a}f(u) = f(a).$$

定理3：设函数 $u=g(x)$ 在点 $x=x_0$ 连续，且 $g(x_0)=u_0$. 而函数 $y=f(u)$ 在点 $u=u_0$ 连续，那么复合函数 $y=f[g(x)]$ 在点 $x=x_0$ 也连续.

三、闭区间上连续函数的性质

定理4（有界性定理）：设函数 $f(x)$ 在闭区间 $[a,b]$ 上连续，则 $f(x)$ 在 $[a,b]$ 必有界.

定理5（最大值与最小值定理）：设函数 $f(x)$ 在闭区间 $[a,b]$ 上连续，则 $f(x)$ 在 $[a,b]$ 上必取得最大值和最小值. 即存在 x_1，$x_2 \in [a,b]$，使得

$$f(x_1) = m，f(x_2) = M，$$

且对任意的 $x \in [a,b]$，有

$$m \leq f(x) \leq M.$$

这里 m、M 分别称为 $f(x)$ 在 $[a,b]$ 上的最小值与最大值.

定理6（零点定理）：设函数 $f(x)$ 在闭区间 $[a,b]$ 上连续，且 $f(a) \cdot f(b) < 0$，则在 (a,b) 内部至少存在一点 ε，使得 $f(\varepsilon)=0$，则称点 ε 为函数 $f(x)$ 的零点.

定理7（介值定理）：设函数 $f(x)$ 在闭区间 $[a,b]$ 上连续，且 $f(a) \neq f(b)$，而 μ 是介于 $f(a)$ 与 $f(b)$ 之间的任意一个数，则在开区间 (a,b) 内至少存在一点 ε，使得

$$f(\varepsilon) = \mu.$$

【例5】证明方程 $3x = e^x$ 在区间 $(0,1)$ 内至少有一个实根.

证明：令 $f(x) = e^x - 3x$，可知 $f(x)$ 在 $[0,1]$ 上连续，

将点 $x = 0$，$x = 1$ 代入方程，得 $f(0) = 1 > 0$，$f(1) = e - 3 < 0$，

根据零点定理可知，$f(x)$ 在区间 $(0,1)$ 内至少有一个零点，

所以方程 $3x = e^x$ 在区间 $(0,1)$ 内至少有一个实根．

四、初等函数的连续性

定理 8：基本初等函数在它们的定义域内都是连续的．

定理 9：初等函数在其定义区间内为连续函数．

本章练习

一、选择题

1. 函数 $y = \sqrt{1 - x^2}\ (-1 \leq x < 0)$ 的反函数是（　　）．

A. $y = -\sqrt{1 - x^2}\ (-1 \leq x < 0)$ 　　　　B. $y = -\sqrt{1 - x^2}\ (0 \leq x < 1)$

C. $y = \sqrt{1 - x^2}\ (0 \leq x \leq 1)$ 　　　　D. $y = \sqrt{1 - x^2}\ (-1 \leq x \leq 1)$

2. 点 $x = 0$ 是函数 $\sin \dfrac{1}{x}$ 的（　　）．

A. 连续点　　　　B. 可去间断点　　　　C. 跳跃间断点　　　　D. 第二类间断点

3. 设函数 $f(x) = \dfrac{|\sin x|}{x}$，则 $\lim\limits_{x \to 0} f(x) = $（　　）．

A. 1　　　　B. -1　　　　C. 不存在　　　　D. 0

4. 当 $x \to 0^+$ 时，下列是无穷小量的是（　　）．

A. $x \sin \dfrac{1}{x}$　　　　B. $e^{\frac{1}{x}}$　　　　C. $\ln x$　　　　D. $\dfrac{1}{x} \sin \dfrac{1}{x}$

5. 点 $x = 0$ 是函数 $\arctan \dfrac{1}{x}$ 的（　　）．

A. 连续点　　　　B. 可去间断点　　　　C. 跳跃间断点　　　　D. 第二类间断点

二、填空题

6. 若 $x \to 0$ 时，$(1 - ax^2)^{\frac{1}{4}} - 1$ 与 $x \sin x$ 是等价无穷小，则 $a = $ _____．

7. 当 $x \to 0$ 时，$x - \sin x$ 是 x^2 的 _____ 无穷小．

8. 若 $\lim\limits_{x \to +\infty}(\sqrt{x^2 - x + 1} - ax - b) = 0$，则 $a = $ _____，$b = $ _____．

9. 函数 $f(x)=\begin{cases}\dfrac{1-\cos x}{x^2}, & x\neq 0 \\ a, & x=0\end{cases}$，如果 $f(x)$ 在 $x=0$ 处连续，则 $a=$ _____．

10. 函数 $f(x)=\dfrac{1}{1+\dfrac{1}{x}}$ 的间断点是 _____．

三、计算题

11. 已知 $y=\dfrac{1}{\ln x}+\sqrt{4-x^2}$，求定义域．

12. 求 $\lim\limits_{x\to+\infty}(\sqrt{x-\sqrt{x}}-\sqrt{x+\sqrt{x}})$．

13. 求 $\lim\limits_{x\to\infty}\left(\dfrac{x-1}{x+1}\right)^x$．

14. 求 $\lim\limits_{x\to\infty}\dfrac{\sqrt[4]{x^4-4}}{\sqrt[3]{x^3+2}}$．

15. 设函数 $f(x)=\begin{cases}x\sin\dfrac{1}{x}, & x>0 \\ a+x^2, & x\leq 0\end{cases}$ 在 **R** 上连续，求 a 的值．

答案解析

一、选择题

1. 答案：B.

解析：由题意知 $-1 \leq x < 0$，则 y 的值域为 $0 \leq y < 1$，于是有 $x = -\sqrt{1-y^2}$（$0 \leq y < 1$），整理后即得B选项.

2. 答案：D.

解析：因为 x 趋向于 0 时，$\dfrac{1}{x}$ 趋向于 ∞，又因为正弦函数是周期函数，值域为 $[-1,1]$，所以 $\lim\limits_{x \to 0}\sin\dfrac{1}{x}$ 不存在，故为第二类间断点.

3. 答案：C.

解析：由题意有绝对值可知，函数的左右极限需要分开讨论：

$$\lim_{x \to 0^-} f(x) = \lim_{x \to 0^-} -\dfrac{\sin x}{x} = -1，\quad \lim_{x \to 0^+} f(x) = \lim_{x \to 0^+} \dfrac{\sin x}{x} = 1，$$

左极限不等于右极限，故原函数极限不存在.

4. 答案：A.

解析：正弦函数是有界周期函数，无穷小量乘以有界函数仍然是无穷小量，故选 A.

5. 答案：C.

解析：$\lim\limits_{x \to 0^-} \arctan\dfrac{1}{x} = -\dfrac{\pi}{2}$，$\lim\limits_{x \to 0^+} \arctan\dfrac{1}{x} = \dfrac{\pi}{2}$，左右极限存在但并不相等，故为跳跃间断点.

二、填空题

6. 答案：-4.

解析：$\lim\limits_{x \to 0} \dfrac{(1-ax^2)^{\frac{1}{4}} - 1}{x \sin x} = \dfrac{-\dfrac{1}{4}ax^2}{x^2} = -\dfrac{1}{4}a = 1$，解得 $a = -4$.

7. 答案：高阶.

解析：$\lim\limits_{x \to 0} \dfrac{x - \sin x}{x^2} = \lim\limits_{x \to 0} \dfrac{1 - \cos x}{2x} = \lim\limits_{x \to 0} \dfrac{\sin x}{2} = 0$，故为高阶无穷小.

8. 答案：$a = 1$，$b = -\dfrac{1}{2}$.

解析：$\lim\limits_{x \to +\infty}(\sqrt{x^2 - x + 1} - ax - b)$

$= \lim\limits_{x \to +\infty} \dfrac{x^2 - x + 1 - (ax + b)^2}{\sqrt{x^2 - x + 1} + (ax + b)}$

$$= \lim_{x \to +\infty} \frac{(1-a^2)x^2 - (2ab+1)x - b^2 + 1}{\sqrt{x^2 - x + 1} + (ax+b)},$$

得出 $\begin{cases} 1-a^2 = 0 \\ 2ab+1 = 0 \end{cases}$，解得 $a = 1$，$b = -\frac{1}{2}$.

9. 答案：$\frac{1}{2}$.

解析：$\lim_{x \to 0} \frac{1-\cos x}{x^2} = \lim_{x \to 0} \frac{\sin x}{2x} = \frac{\cos x}{2} = \frac{1}{2}$，因为函数在 $x = 0$ 处连续，故 $a = \frac{1}{2}$.

10. 答案：$x = 0$，$x = -1$.

解析：间断点即为函数没有定义的点，通过求函数式子的定义域即可得出函数 $f(x)$ 的间断点为 $x = 0$，$x = -1$.

三、计算题

11. 解：由式子可知 $\begin{cases} \ln x \neq 0 \\ x > 0 \\ 4 - x^2 \geq 0 \end{cases}$，解得 $x \in (0,1) \cup (1,2]$.

12. 解：$\lim_{x \to +\infty} (\sqrt{x - \sqrt{x}} - \sqrt{x + \sqrt{x}}) = \lim_{x \to +\infty} \frac{x - \sqrt{x} - (x + \sqrt{x})}{\sqrt{x - \sqrt{x}} + \sqrt{x + \sqrt{x}}} = \lim_{x \to +\infty} \frac{-2\sqrt{x}}{\sqrt{x - \sqrt{x}} + \sqrt{x + \sqrt{x}}}$

$$= -2 \lim_{x \to +\infty} \frac{1}{\sqrt{1 - \sqrt{\frac{1}{x}}} + \sqrt{1 + \sqrt{\frac{1}{x}}}} = -2 \times \frac{1}{2} = -1.$$

13. 解：$\lim_{x \to \infty} \left(\frac{x-1}{x+1}\right)^x = \lim_{x \to \infty} (1 - \frac{2}{x+1})^x = \lim_{x \to \infty} \left[(1 - \frac{2}{x+1})^{-\frac{x+1}{2}}\right]^{-\frac{2x}{x+1}} = \lim_{x \to \infty} e^{-\frac{2x}{x+1}} = e^{-2}$（洛必达法则）.

14. 解：$\lim_{x \to \infty} \frac{\sqrt[4]{x^4 - 4}}{\sqrt[3]{x^3 + 2}} = \lim_{x \to \infty} \frac{\sqrt[4]{x^4(1 - \frac{4}{x^4})}}{\sqrt[3]{x^3(1 + \frac{2}{x^3})}} = \lim_{x \to \infty} \frac{x\sqrt[4]{1 - \frac{4}{x^4}}}{x\sqrt[3]{1 + \frac{2}{x^3}}} = 1$.

15. 解：$f(x)$ 在 **R** 上连续，则函数值的左极限等于右极限.

$\lim_{x \to 0^-} f(x) = \lim_{x \to 0^-} (a + x^2) = a$；$\lim_{x \to 0^+} f(x) = \lim_{x \to 0^+} x \sin \frac{1}{x} = 0$，

因为左极限等于右极限，所以 $\lim_{x \to 0^+} f(x) = \lim_{x \to 0^-} f(x)$，得出 $a = 0$.

第二章　导数与微分

考点梳理

导数与微分
- 导数与微分
  - 导数的概念
    - ★★★导数的定义
    - ★左导数与右导数的定义
    - ★★★导数的几何意义
    - ★可导与连续的关系
  - 函数的微分
    - 微分的定义
    - 微分与导数的关系
    - ★★微分的基本公式和运算法则
    - 一阶微分形式不变性
- 导数的计算
  - ★★★导数的基本公式
  - ★★★导数的四则运算法则
  - 导数的计算
    - ★★★复合函数的求导法
    - ★★隐函数的求导法
    - ★★参数方程确定的函数的求导法
    - ★对数求导法
    - ★反函数的求导法
  - ★高阶导数

第一节　导数与微分

课前思考

1. 导数的概念是什么？
2. 导数的几何意义是什么？
3. 如何计算函数的微分？

考点与要求

考 点	要 求
导数的概念及其几何意义	理解
可导性与连续性的关系	了解
定义法求函数在一点处的导数	会用
曲线上一点处的切线方程和法线方程	会求
微分的概念	理解
微分法则	掌握
可微与可导的关系	了解
函数的一阶微分	会求

考点透析

一、导数的概念

1. 导数的定义

设函数 $y=f(x)$ 在点 x_0 的某个邻域内有定义，当自变量 x 在点 x_0 处取得增量 Δx，且点 $x_0+\Delta x$ 在上述邻域内时，相应地，函数的增量为 $\Delta y=f(x_0+\Delta x)-f(x_0)$，如果极限存在，则称函数 $f(x)$ 在点 x_0 处可导，极限值称为函数在点 x_0 处的导数，记为 $f'(x_0)$，也可记作 $y'|_{x=x_0}$，$\dfrac{dy}{dx}\Big|_{x=x_0}$，$\dfrac{df(x)}{dx}\Big|_{x=x_0}$ 等.

$$\lim_{\Delta x \to 0}\frac{\Delta y}{\Delta x}=\lim_{\Delta x \to 0}\frac{f(x_0+\Delta x)-f(x_0)}{\Delta x}$$

若上面的极限不存在，则称函数 $f(x)$ 在点 x_0 处不可导.

导数定义的另外等价形式有：

$$f'(x_0)=\lim_{h \to 0}\frac{f(x_0+h)-f(x_0)}{h}\ (\Delta x=h),$$

或者

$$f'(x_0)=\lim_{x \to x_0}\frac{f(x)-f(x_0)}{x-x_0}\ (x=x_0+\Delta x).$$

【例1】设函数 $f(x)$ 在点 $x=1$ 处可导，则 $\lim\limits_{x \to 0}\dfrac{f(1-x)-f(1+2x)}{x}=$ _____.

答案：$-3f'(1)$.

解析：$\lim\limits_{x \to 0}\dfrac{f(1-x)-f(1+2x)}{x}=-\lim\limits_{x \to 0}\dfrac{f(1-x)-f(1)}{-x}-2\lim\limits_{x \to 0}\dfrac{f(1+2x)-f(1)}{2x}$

$\qquad\qquad\qquad\qquad\qquad =-f'(1)-2f'(1)$

$\qquad\qquad\qquad\qquad\qquad =-3f'(1)$.

2. 左导数与右导数的定义

左导数：如果函数 $y=f(x)$ 在点 x_0 及其左侧邻域内有定义，当 $\lim\limits_{\Delta x \to 0^-} \dfrac{f(x_0+\Delta x)-f(x_0)}{\Delta x}$ 存在时，称该极限值为函数 $f(x)$ 在点 x_0 处的左导数，记作 $f'_-(x_0)$，即

$$f'_-(x_0) = \lim_{\Delta x \to 0^-} \frac{\Delta y}{\Delta x} = \lim_{\Delta x \to 0^-} \frac{f(x_0+\Delta x)-f(x_0)}{\Delta x}.$$

右导数：如果函数 $y=f(x)$ 在点 x_0 及其右侧邻域内有定义，当 $\lim\limits_{\Delta x \to 0^+} \dfrac{f(x_0+\Delta x)-f(x_0)}{\Delta x}$ 存在时，称该极限值为函数 $f(x)$ 在点 x_0 处的右导数，记作 $f'_+(x_0)$，即

$$f'_+(x_0) = \lim_{\Delta x \to 0^+} \frac{\Delta y}{\Delta x} = \lim_{\Delta x \to 0^+} \frac{f(x_0+\Delta x)-f(x_0)}{\Delta x}.$$

函数 $y=f(x)$ 在点 x_0 处可导的充分必要条件是函数 $f(x)$ 在点 x_0 处的左、右导数都存在且相等.

【例 2】设函数 $f(x)=\begin{cases} \dfrac{x}{1+e^{\frac{1}{x}}}, & x \neq 0 \\ 0, & x=0 \end{cases}$，判断函数在 $x=0$ 处是否可导.

解：左导数：$\lim\limits_{x \to 0^-} \dfrac{f(x)-f(0)}{x-0} = \lim\limits_{x \to 0^-} \dfrac{\frac{x}{1+e^{\frac{1}{x}}}-0}{x} = \lim\limits_{x \to 0^-} \dfrac{1}{1+e^{\frac{1}{x}}} = \lim\limits_{x \to 0^-} \dfrac{1}{1+0} = 1$，

右导数：$\lim\limits_{x \to 0^+} \dfrac{f(x)-f(0)}{x-0} = \lim\limits_{x \to 0^+} \dfrac{\frac{x}{1+e^{\frac{1}{x}}}-0}{x} = \lim\limits_{x \to 0^+} \dfrac{1}{1+e^{\frac{1}{x}}} = \lim\limits_{x \to 0^+} \dfrac{1}{1+\infty} = 0$，

左导数不等于右导数，故函数 $f(x)$ 在 $x=0$ 处不可导.

【例 3】设函数 $f(x)=\begin{cases} \dfrac{1-\cos x}{\sqrt{x}}, & x>0 \\ x^2 g(x), & x \leqslant 0 \end{cases}$，其中 $g(x)$ 为有界函数，判断函数在 $x=0$ 处是否可导.

解：左导数：$\lim\limits_{x \to 0^-} \dfrac{f(x)-f(0)}{x-0} = \lim\limits_{x \to 0^-} \dfrac{x^2 g(x)-0}{x} = \lim\limits_{x \to 0^-} x g(x) = 0$（有界函数与无穷小的乘积还是无穷小），

右导数：$\lim\limits_{x \to 0^+} \dfrac{f(x)-f(0)}{x-0} = \lim\limits_{x \to 0^+} \dfrac{\frac{1-\cos x}{\sqrt{x}}-0}{x} = \lim\limits_{x \to 0^+} \dfrac{1-\cos x}{x\sqrt{x}} = \lim\limits_{x \to 0^+} \dfrac{\frac{1}{2}x^2}{x^{\frac{3}{2}}} = \lim\limits_{x \to 0^+} \dfrac{1}{2}x^{\frac{1}{2}} = 0$，

左导数 = 右导数，则函数 $f(x)$ 在 $x=0$ 处可导.

3. 导数的几何意义

如果函数 $y=f(x)$ 在点 x_0 处的导数 $f'(x_0)$ 存在，则在几何上 $f'(x_0)$ 表示曲线 $y=f(x)$ 在点 $(x_0, f(x_0))$ 处的切线的斜率，根据"点斜式"求直线方程的方法，就可以得到曲线 $y=f(x)$ 在点 $(x_0, f(x_0))$ 处的切线方程为

$$y - f(x_0) = f'(x_0)(x-x_0).$$

另外，如果 $f'(x_0) \neq 0$，则此曲线 $y = f(x)$ 在点 $(x_0, f(x_0))$ 处的法线方程为

$$y - f(x_0) = -\frac{1}{f'(x_0)}(x - x_0).$$

【例4】求函数 $y = \ln x$ 在点 $(e, 1)$ 处的切线方程.

解：由题得 $y' = \frac{1}{x}$，则切线斜率 $k = y'\big|_{x=e} = \frac{1}{e}$.

所求切线为 $y - 1 = \frac{1}{e}(x - e) = \frac{1}{e}x - 1$，化简得 $y = \frac{1}{e}x$.

故函数 $y = \ln x$ 在点 $(e, 1)$ 处的切线方程为 $y = \frac{1}{e}x$.

4. 可导与连续的关系

可导是连续的充分条件，即如果函数 $y = f(x)$ 在点 x_0 处可导，则 $f(x)$ 在点 x_0 处一定连续；而函数 $y = f(x)$ 在点 x_0 处连续，$f(x)$ 不一定在点 x_0 处可导.

例如，$y = f(x) = |x|$ 在点 $x = 0$ 处连续，却不可导.

二、函数的微分

1. 微分的定义

设函数 $y = f(x)$ 在某区间内有定义，x_0 及 $x_0 + \Delta x$ 在这区间内，当 x 在点 x_0 处获得增量 Δx 时，如果相应的函数增量 $\Delta y = f(x_0 + \Delta x) - f(x_0)$ 可以表示为

$$\Delta y = A\Delta x + o(\Delta x),$$

其中，常数 A 与 Δx 无关（仅与 x_0 有关），而 $o(\Delta x)$ 是 $\Delta x \to 0$ 时较 Δx 的高阶无穷小，则称函数 $y = f(x)$ 在点 x_0 处可微. 且称 $A\Delta x$ 为函数 $y = f(x)$ 在点 x_0 处对应自变量增量 Δx 的微分，记作 dy，即

$$dy = A\Delta x.$$

2. 微分与导数的关系

函数 $y = f(x)$ 在点 x_0 处可微的充分必要条件是：函数 $y = f(x)$ 在点 x_0 处可导，且当 $y = f(x)$ 在点 x_0 处可微时，其微分是

$$dy = f'(x_0)dx.$$

这个定理说明，函数 $y = f(x)$ 在点 x_0 处可微与可导是等价的.

3. 微分的基本公式和运算法则

从微分与导数的关系：$dy = df(x) = f'(x)dx$ 可以看出，要计算函数的微分，只要计算出该函数的导数，再乘以自变量的微分即可. 因此由导数公式和求导法则就可以得到相应的微分公式和微分法则.

4. 一阶微分形式不变性

与复合函数的求导法则相应的复合函数的微分法则可推导如下：

设 $y = f(u)$ 及 $u = g(x)$ 都可导，则复合函数 $y = f[g(x)]$ 的微分为

$$dy = f'(u)g'(x)dx.$$

也可以写成

$$dy = f'(u)du.$$

由此可见，无论 u 是自变量还是中间变量，微分形式 $dy = f'(u)du$ 保持不变，我们把这一性质称为一阶微分形式不变性.

【例 5】 设函数 $y = \ln(1+e^{x^2})$，求 dy.

解：$y' = \dfrac{1}{1+e^{x^2}} \cdot e^{x^2} \cdot 2x = \dfrac{2xe^{x^2}}{1+e^{x^2}}$，则 $dy = \dfrac{2xe^{x^2}}{1+e^{x^2}}dx$.

第二节 导数的计算

课前思考

1. 导数的基本公式都有哪些？
2. 导数的四则运算公式有哪些？
3. 不同类型函数如何求导？

考点与要求

考 点	要 求
导数的基本公式	熟练掌握
导数的四则运算法则	熟练掌握
复合函数的求导方法	熟练掌握
隐函数的求导法	掌握
对数求导法	掌握
由参数方程所确定的函数的导数求法	掌握
高阶导数的概念	理解
函数的二、三阶导数	会求

考点透析

一、导数的基本公式

表 2-2-1 为常用导数的基本公式，需要熟练掌握导数的基本公式来求函数的导数.

表2-2-1 常用导数的基本公式

$C' = 0$（C 为常数）	$(x^\mu)' = \mu x^{\mu-1}$
$(\sin x)' = \cos x$	$(\cos x)' = -\sin x$
$(\tan x)' = \sec^2 x$	$(\cot x)' = -\csc^2 x$
$(\sec x)' = \sec x \tan x$	$(\csc x)' = -\csc x \cot x$
$(a^x)' = a^x \ln a$（$a > 0$ 且 $a \neq 1$）	$(e^x)' = e^x$
$(\log_a x)' = \dfrac{1}{x \ln a}$（$a > 0$ 且 $a \neq 1$）	$(\ln x)' = \dfrac{1}{x}$

$(\arcsin x)' = \dfrac{1}{\sqrt{1-x^2}}$	$(\arccos x)' = -\dfrac{1}{\sqrt{1-x^2}}$
$(\arctan x)' = \dfrac{1}{1+x^2}$	$(\operatorname{arccot} x)' = -\dfrac{1}{1+x^2}$

二、导数的四则运算法则

若 $f(x)$，$g(x)$ 都可导，则

（1）$[f(x) \pm g(x)]' = f'(x) \pm g'(x)$；

（2）$[Cf(x)]' = Cf'(x)$（C 为常数）；

（3）$[f(x)g(x)]' = f'(x)g(x) + f(x)g'(x)$；

（4）$\left[\dfrac{f(x)}{g(x)}\right]' = \dfrac{f'(x)g(x) - f(x)g'(x)}{g^2(x)} \ [g(x) \neq 0]$．

【例1】求下列函数的导数．

（1）$y = 5x^2 - 2^x + 3e^x + 3$；

（2）$y = x^3 + 4\cos x - \sin\dfrac{\pi}{2}$；

（3）$y = \sqrt{2}(x^3 - \sqrt{x} + 1)$；

（4）$y = \dfrac{\sin x}{\cos x + 1}$．

解：（1）$y' = 10x - 2^x \ln 2 + 3e^x$；

（2）$y' = 3x^2 - 4\sin x$；

（3）$y' = \sqrt{2}(3x^2 - \dfrac{1}{2\sqrt{x}})$；

（4）$y' = \dfrac{\cos x(\cos x + 1) - \sin x(-\sin x + 0)}{(\cos x + 1)^2}$

$= \dfrac{\cos^2 x + \cos x + \sin^2 x}{(\cos x + 1)^2}$

$= \dfrac{1}{\cos x + 1}$．

三、导数的计算

1. 复合函数的求导法

如果 $u = g(x)$ 在点 x 可导，而 $y = f(u)$ 在点 $u = g(x)$ 可导，则复合函数 $y = f[g(x)]$ 在点 x 可导，且其导数为

$$\frac{dy}{dx} = \frac{dy}{du} \cdot \frac{du}{dx} \quad \text{或} \quad \frac{dy}{dx} = f'(u) \cdot g'(x).$$

复合函数的求导公式适用于有限多次函数的复合.

【例2】求下列函数的导数.

（1）$y = \cos(x^3 + 1)$；

（2）$y = (x^5 + x^3 + 1)^n$.

解：（1）$y' = -\sin(x^3 + 1) \cdot 3x^2 = -3x^2 \sin(x^3 + 1)$；

（2）$y' = n(x^5 + x^3 + 1)^{n-1} \cdot (5x^4 + 3x^2) = n(5x^4 + 3x^2)(x^5 + x^3 + 1)^{n-1}$.

2. 隐函数的求导法

（1）隐函数定义：一般地，如果变量x和变量y满足一个方程$F(x,y) = 0$，在一定条件下，当x取某区间内的任一值时，相应地总有满足这方程的唯一的y值存在，那么就说方程$F(x,y) = 0$在该区间内确定了一个隐函数.

简单来说，形如$y = f(x)$的函数称为显函数，由方程$F(x,y) = 0$确定$y = f(x)$称为隐函数，有些隐函数可以化为显函数，例如$x^2 + y^2 = 1$，而有些隐函数则不能化为显函数.

（2）隐函数的计算方法：设$y = f(x)$是由方程$F(x,y) = 0$所确定的隐函数，且$y = f(x)$可导，为了求$\frac{dy}{dx}$，方程两端同时对x求导，用复合函数求导法则计算，对y关于x的求导写成y'，然后解出y'即可.

【例3】求下列隐函数的导数.

（1）求由方程$x^2 + y^2 = 1$所确定的隐函数$y = f(x)$的导数；

（2）求由方程$xy + 3x^2 - 5y - 7 = 0$所确定的隐函数$y = f(x)$的导数；

（3）求由方程$xy = e^{x+y}$所确定的隐函数$y = f(x)$的导数.

解：（1）方程两边对x求导得：$2x + 2y \cdot y' = 0$，解得$y' = -\frac{x}{y}$（$y \neq 0$）；

（2）方程两边对x求导得：$y + xy' + 6x - 5y' = 0$，解得$y' = \frac{-y - 6x}{x - 5}$；

（3）对方程两边对x求导得：$y + xy' = e^{x+y}(1 + y')$，解得$y' = \frac{e^{x+y} - y}{x - e^{x+y}}$.

3. 参数方程确定的函数的求导法

有些曲线用参数方程表示比较方便，若参数方程给出的平面曲线是含有参数t的方程$\begin{cases} x = \varphi(t) \\ y = \psi(t) \end{cases}$，则$\frac{dy}{dx} = \frac{dy}{dt} \cdot \frac{dt}{dx} = \frac{\psi'(t)}{\varphi'(t)}$.

【例4】设$\begin{cases} x = \ln(1+t) \\ y = 2t^2 \end{cases}$，求$\frac{dy}{dx}$.

解：$\frac{dx}{dt} = \frac{1}{1+t}$，$\frac{dy}{dt} = 4t$，则$\frac{dy}{dx} = \frac{dy}{dt} \cdot \frac{dt}{dx} = 4t \cdot (1+t) = 4t^2 + 4t$.

【例5】已知椭圆的参数方程为 $\begin{cases} x = a\cos t \\ y = b\sin t \end{cases}$，求椭圆在 $t = \dfrac{\pi}{4}$ 相应点处的切线方程和法线方程.

解：$t = \dfrac{\pi}{4}$ 对应椭圆上的点 $M(\dfrac{\sqrt{2}}{2}a, \dfrac{\sqrt{2}}{2}b)$，椭圆上点 M 处切线的斜率 $k = \dfrac{dy}{dx}\bigg|_{t=\frac{\pi}{4}}$，

于是 $k = \dfrac{dy}{dx}\bigg|_{t=\frac{\pi}{4}} = \dfrac{(b\sin t)'}{(a\cos t)'}\bigg|_{t=\frac{\pi}{4}} = \dfrac{b\cos t}{-a\sin t}\bigg|_{t=\frac{\pi}{4}} = -\dfrac{b}{a}$，

则所求切线方程为 $y - \dfrac{\sqrt{2}}{2}b = -\dfrac{b}{a}(x - \dfrac{\sqrt{2}}{2}a)$，法线方程为 $y - \dfrac{\sqrt{2}}{2}b = \dfrac{a}{b}(x - \dfrac{\sqrt{2}}{2}a)$.

4. 对数求导法

对某些函数直接求它的导数比较繁琐，这时可将它化为隐函数，用隐函数的求导法则求其导数，将函数化为隐函数常用的方法是先在 $y = f(x)$ 两端取对数，然后再求出 y 的导数，称其为对数求导法.

对数求导法主要适用于两个方面：

（1）多个函数相乘除、乘方、开方的函数求导；

（2）幂指函数求导.

【例6】设函数 $y = x^x$，求 y'.

解：方程两边同时取对数得：$\ln y = \ln x^x = x\ln x$，

方程两边同时对 x 求导得：

$$\dfrac{y'}{y} = \ln x + x \cdot \dfrac{1}{x} = \ln x + 1，$$

即 $y' = y(\ln x + 1)$，且 $y = x^x$，故 $y' = x^x(\ln x + 1)$.

【例7】设函数 $y = x^{\sin x}$，求 y'.

解：方程两边同时取对数得：$\ln y = \ln x^{\sin x} = \sin x \ln x$，

方程两边同时对 x 求导得：

$$\dfrac{y'}{y} = \cos x \ln x + \sin x \cdot \dfrac{1}{x}，$$

即 $y' = y(\cos x \ln x + \dfrac{\sin x}{x})$，且 $y = x^{\sin x}$，故 $y' = x^{\sin x}(\cos x \ln x + \dfrac{\sin x}{x})$.

5. 反函数的求导法

设 $y = f(x)$ 的反函数为 $x = g(y)$，两者皆可导，且 $f'(x) \neq 0$，则

$$g'(y) = \dfrac{1}{f'(x)} = \dfrac{1}{f'[g(y)]} \quad (f'(x) \neq 0).$$

【例8】设函数 $y = \arcsin x$，求 y'.

解：因为 $y = \arcsin x$ 是 $x = \sin y$ 的反函数，

所以 $y' = (\arcsin x)' = \dfrac{1}{(\sin y)'} = \dfrac{1}{\cos y} = \dfrac{1}{\sqrt{1 - \sin^2 y}} = \dfrac{1}{\sqrt{1 - x^2}}$.

四、高阶导数

定义：如果函数 $y=f(x)$ 的导数 $y'=f'(x)$ 在点 x_0 处仍是可导的，则把 $y'=f'(x)$ 在点 x_0 处的导数称为 $y=f(x)$ 在点 x_0 处的二阶导数，记为 $y''|_{x=x_0}$，或 $f''(x_0)$，或 $\dfrac{d^2 y}{dx^2}\Big|_{x=x_0}$ 等，也称 $f(x)$ 在点 x_0 处二阶可导．

一般地，函数 $y=f(x)$ 的 $n-1$ 阶导数的导数，称为 $y=f(x)$ 的 n 阶导数，记为 $y^{(n)}$，$f^{(n)}(x)$，$\dfrac{d^n y}{dx^n}$ 等，这时也称 $y=f(x)$ 是 n 阶可导．

二阶及二阶以上的导数，统称为高阶导数．

有一些常用的初等函数的 n 阶导数公式：

（1）$y=e^x$，$y^{(n)}=e^x$；

（2）$y=a^x$，$y^{(n)}=a^x(\ln a)^n$（$a>0, a\neq 1$）；

（3）$y=\sin x$，$y^{(n)}=\sin(x+\dfrac{n\pi}{2})$；

（4）$y=\cos x$，$y^{(n)}=\cos(x+\dfrac{n\pi}{2})$；

（5）$y=\ln x$，$y^{(n)}=(-1)^{n-1}(n-1)!x^{-n}$．

【例9】设函数 $y=2x^3+x^2+3x+1$，求 y''．

解：$y'=6x^2+2x+3$，则 $y''=12x+2$．

本章练习

一、选择题

1. 设函数 $f(x)$ 可导，且 $\lim\limits_{x\to 1}\dfrac{f(x+1)-f(1)}{2x}=1$，则 $f'(1)$ 的值为（　　）．

A. 0　　　　　　B. 1　　　　　　C. 2　　　　　　D. 3

2. 下列函数中，在点 $x=0$ 处连续但不可导的是（　　）．

A. $y=|2x|$　　　B. $y=e^x$　　　C. $y=\ln x$　　　D. $y=2x^2$

3. 函数在点 x_0 处连续是在该点处可导的（　　）．

A. 充分非必要条件　　　　　　　　B. 必要非充分条件
C. 充分必要条件　　　　　　　　　D. 既非充分也非必要条件

4. 已知函数 $y=e^{2x^2}$，则微分 $dy=$（　　）．

A. e^{2x^2}　　　B. $e^{2x^2}dx$　　　C. $4xe^{2x^2}$　　　D. $4xe^{2x^2}dx$

5. 已知函数 $y = x^2 + \sin 2x + 2\cos x + \sin \dfrac{\pi}{2}$，则 $y' = ($ 　　　$)$.

A. $2x + 2\cos 2x + 2\sin x$
B. $2x + \cos 2x - 2\sin x$
C. $2x + 2\cos 2x - 2\sin x$
D. $2x + 2\cos 2x - 2\sin x + \cos \dfrac{\pi}{2}$

二、填空题

6. 设函数 $f(x) = \ln(1 + 2x)$，则 $f'(1) = $ ＿＿＿＿＿＿＿.

7. 若曲线 $\begin{cases} x = kt - 3t^2 \\ y = (1+2t)^2 \end{cases}$ 在点 $t = 0$ 处的切线斜率为 1，则常数 $k = $ ＿＿＿＿＿＿＿.

8. 设函数 $f(x) = \log_3 x \, (x > 0)$，则 $\lim\limits_{\Delta x \to 0} \dfrac{f(x - 2\Delta x) - f(x)}{\Delta x} = $ ＿＿＿＿＿＿＿.

9. 设函数 $y = \ln^2(1 - x)$，则 $\mathrm{d}y = $ ＿＿＿＿＿＿＿.

10. 设函数 $y = \mathrm{e}^{-2x}$，则 $y'' = $ ＿＿＿＿＿＿＿.

三、计算题

11. 已知函数 $y = \ln(1 + x^2) + \mathrm{e}^{2x}$，求 $\dfrac{\mathrm{d}y}{\mathrm{d}x}$.

12. 求圆 $x^2 + y^2 = x + y$ 在点 $(0, 0)$ 处的切线方程.

13. 设 $f(x) = \begin{cases} x(1 + 2x^2)^{\frac{1}{x^2}}, & x \neq 0 \\ 0, & x = 0 \end{cases}$，用导数的定义计算 $f'(0)$.

14. 设参数方程 $\begin{cases} x = e^{2t} \\ y = t - e^{-t} \end{cases}$ 确定函数 $y = f(x)$，计算 $\dfrac{dy}{dx}\Big|_{t=0}$.

15. 设 $y = \cos^2 x + \ln\sqrt{1+x^2}$，求 y'.

答案解析

一、选择题

1. 答案：C.

解析：根据导数的定义可知 $f'(1) = \lim\limits_{x \to 1} \dfrac{f(x+1) - f(1)}{x}$，

则 $\dfrac{1}{2} f'(1) = \lim\limits_{x \to 1} \dfrac{f(x+1) - f(1)}{x} \times \dfrac{1}{2} = \lim\limits_{x \to 1} \dfrac{f(x+1) - f(1)}{2x}$，

且 $\lim\limits_{x \to 1} \dfrac{f(x+1) - f(1)}{2x} = 1$，那么 $\dfrac{1}{2} f'(1) = 1$，所以 $f'(1) = 2$.

2. 答案：A.

解析：A 项：当 $x < 0$ 时，$y = -2x$，当 $x > 0$ 时，$y = 2x$，即为分段函数 $y = \begin{cases} -2x, & x < 0 \\ 2x, & x > 0 \end{cases}$，

观察对应的函数图象可知 $x = 0$ 处是连续的，

左导数：$\lim\limits_{x \to 0^-} \dfrac{f(x) - f(0)}{x} = \lim\limits_{x \to 0^-} \dfrac{-2x - 0}{x} = -2$，

右导数：$\lim\limits_{x \to 0^+} \dfrac{f(x) - f(0)}{x} = \lim\limits_{x \to 0^+} \dfrac{2x - 0}{x} = 2$，

左导数 $\neq$ 右导数，故函数 $y = |2x|$ 在点 $x = 0$ 处连续但不可导；

同理，B 项：函数 $y = e^x$ 在点 $x = 0$ 处可导且连续；C 项：函数 $y = \ln x$ 的定义域为 $x > 0$，则在点 $x = 0$ 处没有定义，即不连续，$y' = \dfrac{1}{x}$，函数在 $x = 0$ 处导数表达式没有定义，即不可导；D 项：函数 $y = 2x^2$ 在点 $x = 0$ 处可导且连续．

3. 答案：B.

解析：如果函数 $y=f(x)$ 在点 x_0 处可导，则 $f(x)$ 在点 x_0 处一定连续；而函数 $y=f(x)$ 在点 x_0 处连续，$f(x)$ 不一定在点 x_0 处可导，即函数在点 x_0 处连续是在该点处可导的必要非充分条件．

4. 答案：D.

解析：$y=\mathrm{e}^{2x^2}$，则 $y'=4x\mathrm{e}^{2x^2}$，则根据微分的定义式 $\mathrm{d}y=f'(x)\mathrm{d}x$，可知 $\mathrm{d}y=4x\mathrm{e}^{2x^2}\mathrm{d}x$．

5. 答案：C.

解析：$y'=2x+\cos 2x\cdot 2-2\sin x+0=2x+2\cos 2x-2\sin x$．

二、填空题

6. 答案：$\dfrac{2}{3}$．

解析：$f'(x)=\dfrac{2}{1+2x}$，则 $f'(1)=\dfrac{2}{1+2}=\dfrac{2}{3}$．

7. 答案：4.

解析：$\dfrac{\mathrm{d}x}{\mathrm{d}t}=k-6t$，$\dfrac{\mathrm{d}y}{\mathrm{d}t}=2(1+2t)\cdot 2=4(1+2t)$，

则 $\dfrac{\mathrm{d}y}{\mathrm{d}x}=\dfrac{\mathrm{d}y/\mathrm{d}t}{\mathrm{d}x/\mathrm{d}t}=\dfrac{4(1+2t)}{k-6t}$，当 $t=0$ 时，$\dfrac{\mathrm{d}y}{\mathrm{d}x}=\dfrac{4(1+2t)}{k-6t}=\dfrac{4}{k}$，

根据导数的几何意义：导数表示切线的斜率，且曲线点 $t=0$ 处的切线斜率为 1，可得 $\dfrac{4}{k}=1$，解得 $k=4$．

8. 答案：$-\dfrac{2}{x\ln 3}$．

解析：根据导数的定义可知 $f'(x)=\lim\limits_{\Delta x\to 0}\dfrac{f(x-2\Delta x)-f(x)}{-2\Delta x}$，

则 $\lim\limits_{\Delta x\to 0}\dfrac{f(x-2\Delta x)-f(x)}{\Delta x}=\lim\limits_{\Delta x\to 0}\dfrac{f(x-2\Delta x)-f(x)}{-2\Delta x}\cdot(-2)=-2f'(x)$　①，

且 $f(x)=\log_3 x(x>0)$，则 $f'(x)=\dfrac{1}{x\ln 3}$，所以① $=-\dfrac{2}{x\ln 3}$．

9. 答案：$\dfrac{2\ln(1-x)}{x-1}\mathrm{d}x$．

解析：由 $y=\ln^2(1-x)$，得 $y'=2\ln(1-x)\cdot\dfrac{1}{1-x}\cdot(-1)=-\dfrac{2\ln(1-x)}{1-x}=\dfrac{2\ln(1-x)}{x-1}$，

则根据微分的定义式 $\mathrm{d}y=f'(x)\mathrm{d}x$ 得：$\mathrm{d}y=\dfrac{2\ln(1-x)}{x-1}\mathrm{d}x$．

10. 答案：$4\mathrm{e}^{-2x}$．

解析：$y'=-2\mathrm{e}^{-2x}$，则 $y''=-2(-2\mathrm{e}^{-2x})=4\mathrm{e}^{-2x}$．

三、计算题

11. 解：$\dfrac{dy}{dx}=\dfrac{1}{1+x^2}\cdot 2x+e^{2x}\cdot 2=\dfrac{2x}{1+x^2}+2e^{2x}$.

12. 解：圆的方程两边同时对 x 求导得：$2x+2yy'=1+y'$,

    即 $(2y-1)y'=1-2x$ ，解得 $y'=\dfrac{1-2x}{2y-1}$ ，把点 $(0,0)$ 代入上式得 $y'=-1$ ，

    根据导数的几何意义：导数表示切线的斜率，则切线斜率为 -1 ，

    所以切线方程为 $y-0=-1(x-0)$ ，即 $y=-x$.

13. 解：$f'(0)=\lim\limits_{x\to 0}\dfrac{f(x)-f(0)}{x-0}=\lim\limits_{x\to 0}\dfrac{x(1+2x^2)^{\frac{1}{x^2}}}{x}=\lim\limits_{x\to 0}(1+2x^2)^{\frac{1}{x^2}}=\lim\limits_{x\to 0}(1+2x^2)^{\frac{1}{2x^2}\cdot 2}=e^2$.

14. 解：$\dfrac{dx}{dt}=2e^{2t}$, $\dfrac{dy}{dt}=1-e^{-t}\cdot(-1)=1+e^{-t}$, 则 $\dfrac{dy}{dx}=\dfrac{dy/dt}{dx/dt}=\dfrac{1+e^{-t}}{2e^{2t}}$ ①,

    当 $t=0$ 时，① $=\dfrac{1+1}{2}=1$ ，所以 $\dfrac{dy}{dx}\Big|_{t=0}=1$.

15. 解：$y'=2\cos x(-\sin x)+\dfrac{1}{\sqrt{1+x^2}}\cdot(\dfrac{1}{2}\cdot\dfrac{1}{\sqrt{1+x^2}})\cdot 2x=-\sin 2x+\dfrac{x}{1+x^2}$.

第三章 微分中值定理与导数的应用

考点梳理

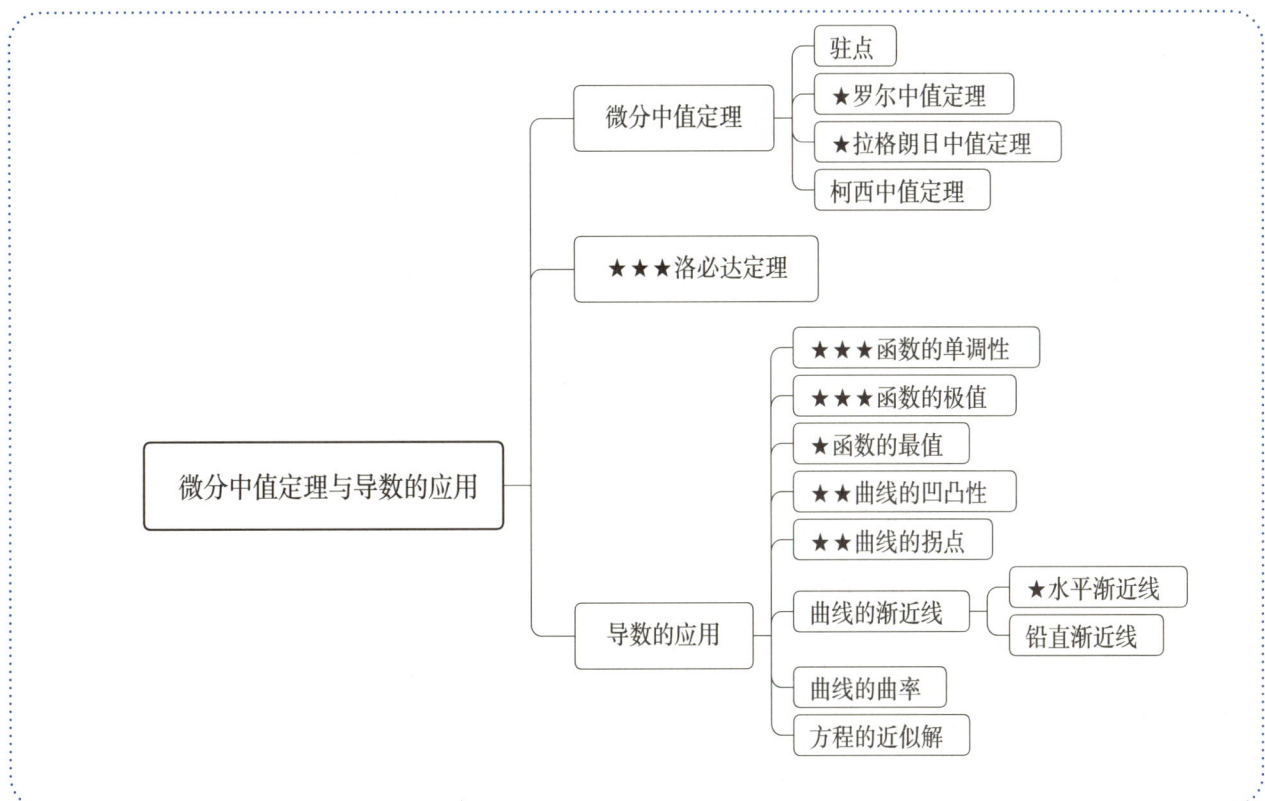

第一节 微分中值定理

课前思考

1. 微分中值定理分为几个？
2. 微分中值定理的条件是什么？
3. 微分中值定理的结论是什么？

考点与要求

考　点	要　求
罗尔中值定理、拉格朗日中值定理及其应用	理解
柯西中值定理	了解

考点透析

一、驻点

设函数 $f(x)$ 在 x_0 的某邻域 $U(x_0)$ 内有定义，并且在 x_0 处可导，如果对任意的 $x \in U(x_0)$，有

$$f(x) \leqslant f(x_0)[\text{或} f(x) \geqslant f(x_0)]，$$

那么 $f'(x_0) = 0$。函数在开区间内可导的极值点处，其导数值必定为零，通常把导数为零的点称为函数的驻点。

二、罗尔中值定理

若函数 $f(x)$ 满足如下条件：

（1）在闭区间 $[a,b]$ 上连续；

（2）在开区间 (a,b) 内可导；

（3）在区间端点处的函数值相等，即 $f(a) = f(b)$。

则在 (a,b) 内至少存在一点 $\xi(a < \xi < b)$，使得

$$f'(\xi) = 0 .$$

罗尔中值定理的几何意义是：在每一点可导的一段连续曲线上，如果曲线的两端点高度相等，则至少存在一条水平切线，如图3-1-1所示。

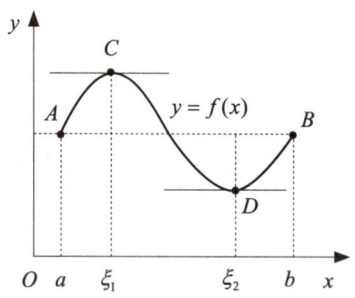

图3-1-1　罗尔中值定理

三、拉格朗日中值定理

若函数 $f(x)$ 满足如下条件：

（1）在闭区间 $[a,b]$ 上连续；

（2）在开区间 (a,b) 内可导，

那么在 (a,b) 内至少存在一点 $\xi\,(a<\xi<b)$，使得

$$f'(\xi)=\frac{f(b)-f(a)}{b-a}.$$

拉格朗日中值定理的几何意义是：在满足定理条件的曲线 $y=f(x)$ 上至少存在一点 $P(\xi,f(\xi))$，该曲线在该点处的切线平行于曲线两端点的连线 AB，如图 3-1-2 所示.

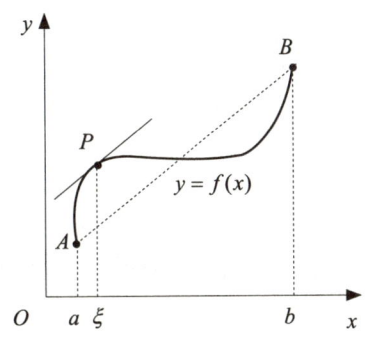

图3-1-2　拉格朗日中值定理

显然，特别地，当 $f(a)=f(b)$ 时为罗尔中值定理.

四、柯西中值定理

设函数 $f(x)$ 和 $g(x)$ 满足：

（1）在闭区间 $[a,b]$ 上连续；

（2）在开区间 (a,b) 内可导；

（3）在开区间 (a,b) 内 $g'(x)$ 不为零，

则在区间 (a,b) 内至少存在一点 ξ，使得

$$\frac{f'(\xi)}{g'(\xi)}=\frac{f(b)-f(a)}{g(b)-g(a)}.$$

柯西中值定理的几何意义是：在满足定理条件下，两函数 $f(x)$ 和 $g(x)$ 所确定的一条曲线 AB，曲线上至少存在一点 $P(g(\xi),f(\xi))$，该曲线在该点处的切线平行于曲线两端点的连线 AB.

【例1】若函数 $f(x)=\dfrac{1}{1+x^2}+kx$ 在区间 $[0,1]$ 上满足罗尔中值定理条件，则常数 $k=$ _____.

答案：$\dfrac{1}{2}$.

解析：函数 $f(x)=\dfrac{1}{1+x^2}+kx$ 在区间 $[0,1]$ 上连续，在 $(0,1)$ 内可导，

要使函数在区间 $[0,1]$ 上满足罗尔中值定理条件，

则有 $f(0)=f(1)$，即 $1=\dfrac{1}{2}+k$，解得 $k=\dfrac{1}{2}$.

【例2】函数 $f(x) = x^2 + 1$，在区间 $[0,1]$ 上满足拉格朗日中值定理中的中值 $\xi=$（　　）．

A. 0　　　　　　　B. $\dfrac{1}{2}$　　　　　　　C. 1　　　　　　　D. 2

答案：B．

解析：$f(x) = x^2 + 1$ 在区间 $[0,1]$ 上连续，在 $(0,1)$ 内可导，

则存在点 $\xi \in (0,1)$，使得 $f'(\xi) = \dfrac{f(1) - f(0)}{1 - 0} = 2 - 1 = 1$．

又 $f'(x) = 2x$，则有 $f'(\xi) = 2\xi = 1$，解得 $\xi = \dfrac{1}{2}$．

第二节　洛必达法则

课前思考

1. 什么叫洛必达法则？

2. 如何使用洛必达法则求极限？

考点与要求

考　点	要　求
应用洛必达法则求 $\dfrac{0}{0}$、$\dfrac{\infty}{\infty}$、$0 \cdot \infty$、$\infty - \infty$、1^∞、0^0、∞^0 型未定式极限的方法	熟练掌握

考点透析

一、$\dfrac{0}{0}$ 型未定式的洛必达法则

设函数 $f(x)$，$g(x)$ 满足以下条件：

（1）$\lim\limits_{x \to x_0} f(x) = 0$，$\lim\limits_{x \to x_0} g(x) = 0$；

（2）在点 x_0 的某一去心邻域内，$f'(x)$ 和 $g'(x)$ 都存在，且 $g'(x) \neq 0$；

（3）极限 $\lim\limits_{x \to x_0} \dfrac{f'(x)}{g'(x)}$ 存在（或为无穷大），则有

$$\lim_{x \to x_0} \dfrac{f(x)}{g(x)} = \lim_{x \to x_0} \dfrac{f'(x)}{g'(x)}．$$

二、$\dfrac{\infty}{\infty}$ 型未定式的洛必达法则

设函数 $f(x)$，$g(x)$ 满足以下条件：

（1）$\lim\limits_{x \to x_0} f(x) = \infty$，$\lim\limits_{x \to x_0} g(x) = \infty$；

（2）在点 x_0 的某一去心邻域内，$f'(x)$ 和 $g'(x)$ 都存在，且 $g'(x) \neq 0$；

（3）极限 $\lim\limits_{x \to x_0} \dfrac{f'(x)}{g'(x)}$ 存在（或为无穷大），则有

$$\lim_{x \to x_0} \frac{f(x)}{g(x)} = \lim_{x \to x_0} \frac{f'(x)}{g'(x)}.$$

三、洛必达法则使用说明

（1）洛必达法则只能直接对 $\dfrac{0}{0}$ 型或 $\dfrac{\infty}{\infty}$ 型未定式使用，其他类型未定式没有洛必达法则，只能在未定式化为 $\dfrac{0}{0}$ 型或 $\dfrac{\infty}{\infty}$ 型未定式后，方可考虑使用；

（2）洛必达法则的条件是充分而非必要的；

（3）洛必达法则只是求极限的一种方法，要善于结合其他方法综合考虑，简化运算．

四、其他类型未定式极限的求法

（1）$0 \cdot \infty$ 型（把简单项放到分母）：$0 \cdot \infty \Rightarrow \dfrac{0}{1/\infty} \Rightarrow \dfrac{0}{0}$，或 $0 \cdot \infty \Rightarrow \dfrac{\infty}{1/0} \Rightarrow \dfrac{\infty}{\infty}$；

（2）$\infty - \infty$ 型：$\begin{cases} 分式差：通分 \\ 根式差：根式有理化 \end{cases}$；

（3）1^∞ 型：重要极限公式法；

（4）0^0、∞^0 型：取对数法．

【例1】计算下列函数的极限．

（1）$\lim\limits_{x \to 0} \dfrac{3x^2 + 2x}{x^2 + x}$；

（2）$\lim\limits_{x \to \infty} \dfrac{3x^2 + 2x + 2}{x^2 + x + 1}$；

（3）$\lim\limits_{x \to 0^+} x^a \ln bx \,(a > 0, b > 0)$；

（4）$\lim\limits_{x \to 1} \left(\dfrac{x}{x-1} - \dfrac{1}{\ln x} \right)$；

（5）$\lim\limits_{x \to 0^+} x^x$．

解：（1）根据洛必达法则得：$\lim\limits_{x \to 0} \dfrac{3x^2 + 2x}{x^2 + x} = \lim\limits_{x \to 0} \dfrac{6x + 2}{2x + 1} = \lim\limits_{x \to 0} \dfrac{0 + 2}{0 + 1} = 2$；

（2）根据洛必达法则得：$\lim\limits_{x \to \infty} \dfrac{3x^2 + 2x + 2}{x^2 + x + 1} = \lim\limits_{x \to \infty} \dfrac{6x + 2}{2x + 1} = \lim\limits_{x \to \infty} \dfrac{6}{2} = 3$；

（3）$\lim\limits_{x \to 0^+} x^a \ln bx = \lim\limits_{x \to 0^+} \dfrac{\ln bx}{x^{-a}} = \lim\limits_{x \to 0^+} \dfrac{\dfrac{1}{bx} \cdot b}{-ax^{-a-1}} = \lim\limits_{x \to 0^+} -\dfrac{1}{a} x^{-1-(-a-1)} = \lim\limits_{x \to 0^+} -\dfrac{1}{a} x^a = 0$；

（4）$\lim\limits_{x \to 1}(\dfrac{x}{x-1} - \dfrac{1}{\ln x}) = \lim\limits_{x \to 1} \dfrac{x \ln x - (x-1)}{(x-1)\ln x} = \lim\limits_{x \to 1} \dfrac{\ln x}{\ln x + \dfrac{x-1}{x}} = \lim\limits_{x \to 1} \dfrac{\dfrac{1}{x}}{\dfrac{1}{x} + \dfrac{1}{x^2}} = \dfrac{1}{2}$；

（5）令 $y = x^x$，两边同时取对数得 $\ln y = \ln x^x = x \ln x$，

则 $\lim\limits_{x \to 0^+} \ln y = \lim\limits_{x \to 0^+} x \ln x = \lim\limits_{x \to 0^+} \dfrac{\ln x}{\dfrac{1}{x}} = \lim\limits_{x \to 0^+} -x = 0$，

所以 $\lim\limits_{x \to 0^+} \ln y = 0$，则 $\lim\limits_{x \to 0^+} x^x = \lim\limits_{x \to 0^+} y = e^0 = 1$．

第三节　导数的应用

课前思考

1. 导数的应用都有哪些？

2. 如何求函数的单调区间、极值和最值？

3. 如何求曲线的凹凸区间、拐点和水平渐近线？

考点与要求

考　点	要　求
利用导数判定函数的单调性及求函数的单调区间的方法	掌握
利用函数的单调性证明简单的不等式	要会
函数极值的概念	理解
求函数的极值、最大值和最小值的方法	掌握
应用极值方法解应用题	要会
判定曲线的凹凸性	要会
曲线的拐点	会求
曲线的渐近线	会求
曲线的曲率	会求
方程的近似解	了解

考点透析

一、函数的单调性

定理1：若函数 $y = f(x)$ 在闭区间 $[a,b]$ 上连续，在开区间 (a,b) 内可导，

（1）若在 (a,b) 内 $f'(x) > 0$，则函数 $y = f(x)$ 在 $[a,b]$ 上单调增加；

（2）若在 (a,b) 内 $f'(x) < 0$，则函数 $y = f(x)$ 在 $[a,b]$ 上单调减少.

以上也称为函数单调性判别法.

【例 1】 求函数 $y = 2x^2 + 4x + 1$ 的单调区间.

解：$y' = 4x + 4$，令 $y' > 0$，解得 $x > -1$，令 $y' < 0$，解得 $x < -1$，

则函数的单调增区间为 $(-1, +\infty)$，单调减区间为 $(-\infty, -1)$.

二、函数的极值

定义：设函数 $f(x)$ 在 (a,b) 内有定义，x_0 是 (a,b) 内的某一点，则：

（1）如果点 x_0 存在一个邻域，使得对此邻域内的任一点 $x(x \neq x_0)$，总有 $f(x) < f(x_0)$，则称 $f(x_0)$ 为函数 $f(x)$ 的一个极大值，称 x_0 为函数 $f(x)$ 的一个极大值点；

（2）如果点 x_0 存在一个邻域，使得对此邻域内的任一点 $x(x \neq x_0)$，总有 $f(x) > f(x_0)$，则称 $f(x_0)$ 为函数 $f(x)$ 的一个极小值，称 x_0 为函数 $f(x)$ 的一个极小值点.

函数的极大值与极小值统称极值，极大值点与极小值点统称极值点.

定理 2（可导点处极值的必要条件）：设 $f(x)$ 在点 x_0 处有极值，且 $f'(x_0)$ 存在，则 $f'(x_0)=0$.

函数连续但不可导的点 x_0 处，$f(x_0)$ 也可以为极值，而使 $f'(x_0)=0$ 的点 x_0 未必是极值点. 极值点只能是 $f'(x_0)=0$ 的点或不可导的点，但需要从这两种点中进一步去判断.

定理 3（极值的第一充分条件）：设函数 $f(x)$ 在点 x_0 处连续，且在 x_0 的某去心邻域内可导，

（1）在 $x = x_0$ 的左侧邻域内（$x < x_0$ 时），$f'(x) > 0$，右侧邻域内（$x > x_0$ 时），$f'(x) < 0$，则 $f(x)$ 在点 x_0 处取得极大值，即 $f(x_0)$ 为函数的极大值；

（2）在 $x = x_0$ 的左侧邻域内（$x < x_0$ 时），$f'(x) < 0$，右侧邻域内（$x > x_0$ 时），$f'(x) > 0$，则 $f(x)$ 在点 x_0 处取得极小值，即 $f(x_0)$ 为函数的极小值；

（3）若 $f'(x)$ 在 $x = x_0$ 左右邻域内 $f'(x)$ 的符号保持不变（同号），则 $f(x_0)$ 必不是极值.

定理 4（极值的第二充分条件）：设函数 $f(x)$ 在 x_0 处有二阶导数，且 $f'(x_0)=0$，$f''(x_0) \neq 0$，则

（1）当 $f''(x_0) < 0$ 时，$f(x_0)$ 为极大值，x_0 为极大值点；

（2）当 $f''(x_0) > 0$ 时，$f(x_0)$ 为极小值，x_0 为极小值点.

【例 2】 求函数 $f(x) = x + \sqrt{1-x}$ 的极值.

解：由题知，函数 $f(x)$ 的定义域为 $(-\infty, 1]$，

$f'(x) = 1 - \dfrac{1}{2\sqrt{1-x}}$，令 $f'(x) = 0$，解得 $x = \dfrac{3}{4}$，

且 $x = 1$ 为导数不存在的点，$x = 1$ 为函数定义域的右端点，不存在右邻域，则不是极值点.

又 $f''(x) = -\dfrac{1}{4(1-x)^{\frac{3}{2}}}$，则 $f''(\dfrac{3}{4}) = -2 < 0$.

根据极值的第二充分条件可知，$x = \dfrac{3}{4}$ 为函数的极大值点，对应的函数值为极大值，

所以函数的极大值为 $f(\dfrac{3}{4}) = \dfrac{3}{4} + \sqrt{1-\dfrac{3}{4}} = \dfrac{5}{4}$.

三、函数的最值

函数的最值分为最大值和最小值,闭区间 $[a,b]$ 上连续函数 $f(x)$ 的最大值、最小值的求法:

(1) 求出 $f(x)$ 在该区间内部的所有可疑极值点(包括驻点和导数不存在的点),并计算相应的函数值;

(2) 求出 $f(x)$ 在闭区间两端点处的函数值;

(3) 比较上述步骤中求出的函数值,最大量为最大值,最小量为最小值.

四、曲线的凹凸性

定义:设函数 $f(x)$ 在区间 I 上连续,若对于任意不同的两点 x_1,x_2,如果恒有

$$f(\dfrac{x_1+x_2}{2}) > \dfrac{1}{2}[f(x_1)+f(x_2)],$$

则称 $f(x)$ 在 I 上是凸的;

如果恒有

$$f(\dfrac{x_1+x_2}{2}) < \dfrac{1}{2}[f(x_1)+f(x_2)],$$

则称 $f(x)$ 在 I 上是凹的.

定理 5(凹凸性的判定):若 $f(x)$ 在区间 I 上 $f''(x)>0(f''(x)<0)$,则函数曲线 $y=f(x)$ 在区间 I 内是凹(凸)的.

五、曲线的拐点

定义:曲线上凹与凸的分界点,称为曲线的拐点.

定理 6(拐点的充分条件):设 $f(x)$ 在 $x=x_0$ 的某去心邻域内二阶可导,如果 $f''(x)$ 在点 x_0 的左右两侧邻域异号,而且 $f''(x_0)=0$ 或 $x=x_0$ 处不存在二阶导数,则点 $(x_0,f(x_0))$ 是曲线 $y=f(x)$ 的拐点.

【例 3】求曲线 $y = 3x^4 - 4x^3 + 1$ 的凹凸区间及拐点坐标.

解:函数 $y = 3x^4 - 4x^3 + 1$ 的定义域为 $(-\infty, +\infty)$,

$y' = 12x^3 - 12x^2$,$y'' = 36x^2 - 24x = 36x(x - \dfrac{2}{3})$,

令 $y'' = 0$,解得 $x = 0$ 和 $x = \dfrac{2}{3}$,

当 $x < 0$ 时,$y'' > 0$;当 $0 < x < \dfrac{2}{3}$ 时,$y'' < 0$;当 $x > \dfrac{2}{3}$ 时,$y'' > 0$,

综上所述,曲线的凹区间为 $(-\infty, 0) \cup (\dfrac{2}{3}, +\infty)$,凸区间为 $(0, \dfrac{2}{3})$,

$x = 0$ 和 $x = \dfrac{2}{3}$ 左右两侧邻域都异号,即有两个拐点,

当 $x = 0$ 时,$f(0) = 1$,当 $x = \dfrac{2}{3}$ 时,$f(\dfrac{2}{3}) = \dfrac{11}{27}$,

即拐点坐标为 $(0,1)$ 和 $(\frac{2}{3},\frac{11}{27})$.

六、曲线的渐近线

1. 水平渐近线

若 $\lim\limits_{x\to+\infty}f(x)=b_1$，则 $y=b_1$ 是曲线 $y=f(x)$ 的一条水平渐近线；若 $\lim\limits_{x\to-\infty}f(x)=b_2$，则 $y=b_2$ 也是曲线 $y=f(x)$ 的一条水平渐近线（若 $b_1=b_2$，则只能算作一条）.

【例4】求曲线 $f=f(x)=\dfrac{x^2+x+3}{2x^2+1}$ 的水平渐近线.

解：$\lim\limits_{x\to\infty}f(x)=\lim\limits_{x\to\infty}\dfrac{x^2+x+3}{2x^2+1}=\dfrac{1}{2}$，故曲线的水平渐近线为 $y=\dfrac{1}{2}$.

2. 铅直渐近线

若存在点 x_0，使得 $\lim\limits_{x\to x_0^+}f(x)=\infty$ 或 $\lim\limits_{x\to x_0^-}f(x)=\infty$，则 $x=x_0$ 为曲线 $y=f(x)$ 的一条铅直（垂直）渐近线. 这里的 x_0 先由观察法观得，一般考虑分母为零处、对数的真数为零处等.

七、导数与变化率及其他应用

导数的数学概念是从速度问题和切线问题抽象出来的，又称为变化率导数定理，主要用于衡量一个量对另一个量的变化率. 因此在这里我们引入两个新的概念：平均变化率和瞬时变化率.

1. 平均变化率

设函数 $f(x)$ 在闭区间 $[a,b]$ 内连续，在开区间 (a,b) 内可导，则函数 $f(x)$ 在区间内的函数值增量与自变量增量的比值，我们称之为平均变化率. 记作

$$\frac{\Delta y}{\Delta x}=\frac{f(b)-f(a)}{b-a}.$$

这里的平均变化率用来衡量函数 $f(x)$ 在闭区间 $[a,b]$ 内的变化快慢.

2. 瞬时变化率

设函数 $f(x)$ 在闭区间 $[a,b]$ 内的一点 x_0 处连续且可导，并且在 x_0 处存在增量 Δx 使得函数 $f(x)$ 在 x_0 处的平均变化率满足：

$$\lim_{\Delta x\to 0}\frac{\Delta y}{\Delta x}=\lim_{\Delta x\to 0}\frac{f(x_0+\Delta x)-f(x_0)}{\Delta x}$$

瞬时变化率就是当自变量的增量 Δx 趋向于 0 时，平均变化率的极限值，描述的是函数 $f(x)$ 在某一点 x_0 处的瞬时变化率.

函数 $f(x)$ 在 $x=x_0$ 处的导数实际上就是函数 $y=f(x)$ 在 $x=x_0$ 处的瞬时变化率，而瞬时变化率在物理学中求瞬时速度与加速度上的应用尤为广泛.

【例5】求函数 $f(x) = 3x^2 + 2$ 在区间 $[x_0, x_0 + \Delta x]$ 上的平均变化率，并求 $x_0 = 2$，$\Delta x = 0.1$ 时的平均变化率．

解：函数 $f(x) = 3x^2 + 2$ 在区间 $[x_0, x_0 + \Delta x]$ 上的平均变化率为

$$\frac{f(x_0 + \Delta x) - f(x_0)}{x_0 + \Delta x - x_0} = \frac{3(x_0 + \Delta x)^2 + 2 - (3x_0 + 2)}{\Delta x} = 6x_0 + \Delta x,$$

又 $x_0 = 2$，$\Delta x = 0.1$，代入上式可得函数在 $x_0 = 2$，$\Delta x = 0.1$ 时的平均变化率为 $6 \times 2 + 3 \times 0.1 = 12.3$．

【例6】一质点的运动方程为 $s = 8 - 3t^2$，其中 s 表示位移（单位：m），t 表示时间（单位：s），求质点在 $t = 1$ 时的瞬时速度 v．

解：由瞬时变化率的定义可得，瞬时速度为 $v = \lim\limits_{\Delta t \to 0} \frac{\Delta s}{\Delta t} = s'(t) = (8 - 3t^2)' = -6t$，又 $t = 1$，则 $v_{t=1} = -6$ (m/s)．

3. 导数的其他应用

在数学中，通常我们利用导数来判断函数的单调性，求出函数的极值与最值，而其中函数的最值与函数的最优化问题有着非常密切的关系．生活中以及经济学中经常遇到求利润最大、用料最省、效率最高等问题，这些问题统称为优化问题，解决这些问题具有很重要的实际意义．下面通过例题进行说明．

【例7】设生产某种产品的数量与所用两种材料 X、Y 的数量 x，y 存在以下关系式：

$$P(x, y) = 0.005x^2 y.$$

若用 150 元购买原料，并且 X、Y 两种原料的单价分别为 1 元、2 元，则购进两种原料各多少时，可使生产的数量最多？

解：由题意可知，$x + 2y = 150 \Rightarrow x = 150 - 2y(0 < y < 75)$，代入生产产品的数量关系式可得：$P(y) = 0.005 \cdot (150 - 2y)^2 \cdot y = 0.02y^3 - 3y^2 + 112.5y$，则 $P'(y) = 0.06y^2 - 6y + 112.5$，令 $P'(y) > 0$，解得 $0 < y < 25$，$y > 75$（不合题意，舍去），令 $P'(y) < 0$，解得 $25 < y < 75$．故函数 $P(y)$ 在区间 $(0, 25)$ 上递增，在区间 $(25, 75)$ 上递减，所以函数 $P(y)$ 在 $y = 25$ 处取得极大值，也为最大值，此时 $x = 150 - 2 \times 25 = 100$，故购进材料 X 数量为 100，Y 数量为 25 时，可使生产的数量最多．

解决这类应用题，首先是将特定问题转化为数学问题，然后再利用导数进行分析、解决，最后通过计算结果来推出所研究问题的结论．

八、函数图象的描绘

在中学里，我们主要依赖描点作图法画出一些简单函数的图象，这样的图象相对比较粗糙，无法确切反应函数的一些真实情况（如单调区间、极值点、凹凸区间、拐点等）．在这一节，我们将根据这些函数的特性来说明一下作出一个较为准确的函数图象的步骤：

（1）确定函数 $f(x)$ 的定义域；

（2）考察函数 $f(x)$ 的奇偶性、周期性；

（3）求出函数 $f(x)$ 的一阶导数 $f'(x)$ 和二阶导数 $f''(x)$；

（4）求出 $f'(x) = 0$ 和 $f''(x) = 0$ 在定义域内的全部实根，并利用这些根把定义域分成几个部分区间；

（5）确定每个部分区间 $f'(x)$ 和 $f''(x)$ 的符号，由此确定图形的升降和凹凸、极值点以及拐点；

（6）确定图形的水平、垂直渐近线；

（7）算出 $f'(x) = 0$ 和 $f''(x) = 0$ 的根对应的函数值，定出图形上相应的点；

（8）综上画出函数图象．

下面通过例题说明如何按照上述步骤画出函数的图象．

【例8】画出函数 $f(x)=\dfrac{4(x+1)}{x^2}-2$ 的图象．

解：易知函数定义域为 $x\neq 0$，且为非奇非偶函数，没有对称性．

$f'(x)=-\dfrac{4(x+2)}{x^3}$，$f''(x)=\dfrac{8(x+3)}{x^4}$，令 $f'(x)=0$，得驻点 $x=-2$，令 $f''(x)=0$，得拐点 $x=-3$．

$\lim\limits_{x\to\infty}f(x)=\lim\limits_{x\to\infty}\left[\dfrac{4(x+1)}{x^2}-2\right]=-2$，即函数的水平渐近线为 $y=-2$，

$\lim\limits_{x\to 0}f(x)=\lim\limits_{x\to 0}\left[\dfrac{4(x+1)}{x^2}-2\right]=+\infty$，即函数的垂直渐近线为 $x=0$．

列表确定函数的升降区间、凹凸区间及极值点和拐点如下：

x	$(-\infty,-3)$	-3	$(-3,-2)$	-2	$(-2,0)$	0	$(0,+\infty)$
$f'(x)$	$-$	$-$	$-$	0	$+$	不存在	$-$
$f''(x)$	$-$	0	$+$	$+$	$+$	不存在	$+$
$f(x)$	凸	拐点	凹	极值点	凹	间断点	凹

补充几个容易求得的点值：$(1-\sqrt{3},0)$，$(1+\sqrt{3},0)$，$A(-1,-2)$，$B(1,6)$，$C(2,1)$，
由此可作图如下：

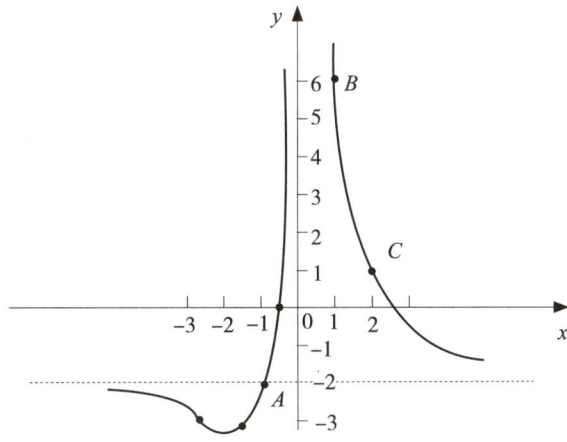

九、曲线的曲率

设 $f(x)$ 存在二阶导数，曲线 $y=f(x)$ 在其点 $(x,f(x))$ 处的曲率公式为

$$k=\dfrac{|y''|}{(1+y'^2)^{\frac{3}{2}}}.$$

【例9】求椭圆 $x^2+\dfrac{y^2}{4}=1$ 在点 $(0,2)$ 处的曲率．

解：方程两边同时对 x 求导得：$2x+\dfrac{1}{2}yy'=0$，即 $y'=-\dfrac{4x}{y}$ ①，

把点 $(0,2)$ 代入 y' 的表达式得 $y'=0$，

①式两边同时对 x 求导得 $y''=-\dfrac{4y-4xy'}{y^2}$，

把点 $(0,2)$ 和 $y'=0$ 代入 y'' 的表达式得 $y''=-2$，

则曲率 $k=\dfrac{|y''|}{(1+y'^2)^{\frac{3}{2}}}=\dfrac{|-2|}{(1+0^2)^{\frac{3}{2}}}=2$.

十、方程的近似解

高次代数方程或其他类型的方程求精确根一般很困难，需要寻找求方程近似根的有效计算方法.

求近似根的解题步骤分为以下两步进行：

（1）确定根的大致范围：确定一个区间 $[a,b]$，使所求的根是位于这个区间内的唯一实根，这个区间称为所求实根的隔离区间. 由于方程 $f(x)=0$ 的实根在几何上表示曲线 $y=f(x)$ 与 x 轴交点的横坐标，因此为了确定根的隔离区间，可以先较精确地画出 $y=f(x)$ 的图形，然后从图形上定出它与 x 轴交点的大概位置. 由于作图和读数的误差，这种做法得不出根的高精确度的近似值，但一般已可以确定出根的隔离区间.

（2）改善近似值的精确度：以根的隔离区间的端点作为根的初始近似值，逐渐改善根的近似值的精确度，直到求得满足精确度要求的近似实根.

求方程的近似解常用的方法有二分法和切线法.

1. 二分法

（1）确定根的大致范围.

设 $f(x)$ 在区间 $[a,b]$ 上连续，$f(a)\cdot f(b)<0$，且方程 $f(x)=0$ 在 (a,b) 内仅有一个实根 ξ，于是 $[a,b]$ 即是这个根的一个隔离区间.

（2）改善近似值的精确度.

取 $[a,b]$ 的中点 $\xi_1=\dfrac{a+b}{2}$，计算 $f(\xi_1)$.

若 $f(\xi_1)=0$，那么 $\xi=\xi_1$；

若 $f(\xi_1)$ 与 $f(a)$ 同号，那么取 $a_1=\xi_1$，$b_1=b$，由于 $f(a)\cdot f(b)<0$，即可知 $a_1<\xi<b_1$，且 $b_1-a_1=\dfrac{1}{2}(b-a)$；

若 $f(\xi_1)$ 与 $f(b)$ 同号，那么取 $a_1=a$，$b_1=\xi_1$，也有 $a_1<\xi<b_1$ 以及 $b_1-a_1=\dfrac{1}{2}(b-a)$；

总之，当 $\xi\neq\xi_1$ 时，可求得 $a_1<\xi<b_1$，且 $b_1-a_1=\dfrac{1}{2}(b-a)$.

以 $[a_1,b_1]$ 作为新的隔离区间，重复上述做法，当 $\xi\neq\xi_2=\dfrac{1}{2}(a_1+b_1)$ 时，可求得 $a_2<\xi<b_2$，且 $b_2-a_2=\dfrac{1}{2^2}(b-a)$.

如此重复 n 次，可求得 $a_n<\xi<b_n$，且 $b_n-a_n=\dfrac{1}{2^n}(b-a)$. 由此可知，如果以 a_n 或 b_n 作为 ξ 的近似值，那么其误差小于 $\dfrac{1}{2^n}(b-a)$.

【例 10】 用二分法求方程 $x^3+1.1x^2+0.9x-1.4=0$ 的实根的近似值, 使误差不超过 10^{-3}.

解: 令 $f(x)=x^3+1.1x^2+0.9x-1.4$, $f(x)$ 在 $(-\infty,+\infty)$ 内连续.

由 $f'(x)=3x^2+2.2x+0.9$, 根据根的判别式 $\Delta=b^2-4ac=2.2^2-4\times3\times0.9=-5.96<0$, 知 $f'(x)>0$. 故 $f(x)$ 在 $(-\infty,+\infty)$ 内单调增加, $f(x)=0$ 至多有一个实根.

由 $f(0)=-1.4<0$, $f(1)=1.6>0$, 知 $f(x)=0$ 在 $[0,1]$ 内有唯一的实根. 取 $a=0$, $b=1$, $[0,1]$ 即是一个隔离区间.

计算得:

$\xi_1=0.5, f(\xi_1)=-0.55<0$, 故 $a_1=0.5$, $b_1=1$;

$\xi_2=0.75, f(\xi_2)=0.32>0$, 故 $a_2=0.5$, $b_2=0.75$;

$\xi_3=0.625, f(\xi_3)=-0.16<0$, 故 $a_3=0.625$, $b_3=0.75$;

$\xi_4=0.687, f(\xi_4)=0.062>0$, 故 $a_4=0.625$, $b_4=0.687$;

$\xi_5=0.656, f(\xi_5)=-0.054<0$, 故 $a_5=0.656$, $b_5=0.687$;

$\xi_6=0.672, f(\xi_6)=0.005>0$, 故 $a_6=0.656$, $b_6=0.672$;

$\xi_7=0.664, f(\xi_7)=-0.025<0$, 故 $a_7=0.664$, $b_7=0.672$;

$\xi_8=0.668, f(\xi_8)=-0.010<0$, 故 $a_8=0.668$, $b_8=0.672$;

$\xi_9=0.670, f(\xi_9)=-0.002<0$, 故 $a_9=0.670$, $b_9=0.672$;

$\xi_{10}=0.671, f(\xi_{10})=0.001>0$, 故 $a_{10}=0.670$, $b_{10}=0.671$.

于是有 $0.670<\xi<0.671$, 即 0.670 作为根的不足近似值, 0.671 作为根的过剩近似值, 其误差都小于 10^{-3}.

2. 切线法

(1) 确定根的大致范围.

设 $f(x)$ 在 $[a,b]$ 上具有二阶导数, $f(a)\cdot f(b)<0$ 且 $f'(x)$ 及 $f''(x)$ 在 $[a,b]$ 上保持定号. 在上述条件下, 方程 $f(x)=0$ 在 (a,b) 内有唯一的实根 ξ, $[a,b]$ 为根的一个隔离区间.

(2) 改善近似值的精确度.

此时, $y=f(x)$ 在 $[a,b]$ 上的图形 $\overset{\frown}{AB}$ 只有如图 3-3-1 所示的四种不同情形.

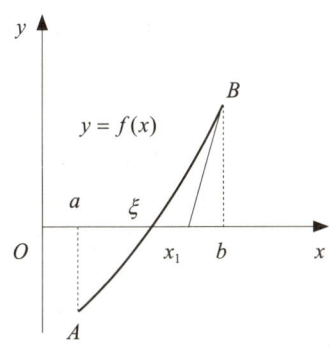

(a) $f(a)<0, f(b)>0,$
$f'(x)>0, f''(x)>0$

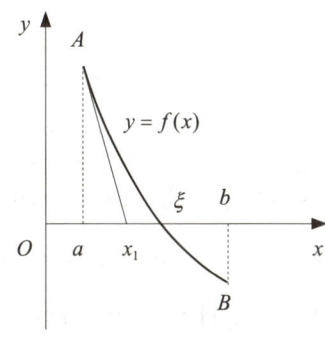

(b) $f(a)>0, f(b)<0,$
$f'(x)<0, f''(x)<0$

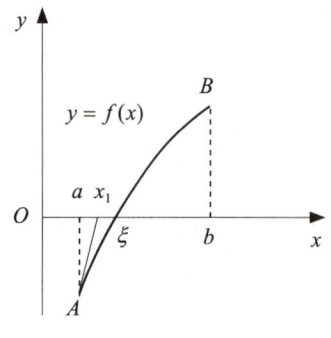
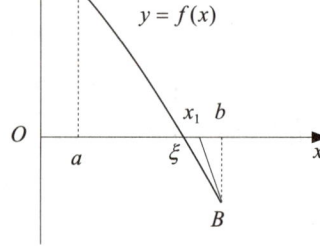

(c) $f(a)<0$, $f(b)>0$,
$f'(x)>0$, $f''(x)<0$

(d) $f(a)>0$, $f(b)<0$,
$f'(x)<0$, $f''(x)<0$

图3-3-1　切线法的四种函数图象

考虑用曲线弧一端的切线来代替曲线弧，从而求出方程实根的近似值，这种方法叫做切线法．从图 3-3-1 中可看出，如果在纵坐标与 $f''(x)$ 同号的那个端点 [此端点记作 $(x_0, f(x_0))$] 作切线，这切线与 x 轴交点的横坐标 x_1 就比 x_0 更接近方程的根 ξ．

下面以图 3-3-1c：$f(a)<0$，$f(b)>0$，$f'(x)>0$，$f''(x)<0$ 的情形为例进行讨论．此时因为 $f(a)$ 与 $f''(x)$ 同号，所以令 $x_0 = a$，在端点 $(x_0, f(x_0))$ 处作切线，这切线的方程为

$$y - f(x_0) = f'(x_0)(x - x_0).$$

令 $y = 0$，从上式中解出 x，就得到切线与 x 轴交点的横坐标为

$$x_1 = x_0 - \frac{f(x_0)}{f'(x_0)},$$

它比 x_0 更接近方程的根 ξ．

再在点 $(x_1, f(x_1))$ 处作切线，可得根的近似值 x_2．如此继续，一般地，在点 $(x_{n-1}, f(x_{n-1}))$ 处作切线，得根的近似值

$$x_n = x_{n-1} - \frac{f(x_{n-1})}{f'(x_{n-1})}.$$

如果 $f(b)$ 与 $f''(x)$ 同号，切线作在端点 B（见图 3-3-1a、图 3-3-1d），可记 $x_0 = b$，依旧按照以上公式计算切线与 x 轴交点的横坐标．

【例 11】用切线法求方程 $x^3 + 1.1x^2 + 0.9x - 1.4 = 0$ 的实根的近似值，使误差不超过 10^{-3}．

解：令 $f(x) = x^3 + 1.1x^2 + 0.9x - 1.4$，$f(x)$ 在 $(-\infty, +\infty)$ 内连续．

由 $f'(x) = 3x^2 + 2.2x + 0.9$，根据根的判别式 $\Delta = b^2 - 4ac = 2.2^2 - 4 \times 3 \times 0.9 = -5.96 < 0$，知 $f'(x) > 0$．

故 $f(x)$ 在 $(-\infty, +\infty)$ 内单调增加，$f(x) = 0$ 至多有一个实根．

由 $f(0) = -1.4 < 0$，$f(1) = 1.6 > 0$，知 $f(x) = 0$ 在 $[0,1]$ 内有唯一的实根．

取 $a = 0$，$b = 1$，$[0,1]$ 即是一个隔离区．

在 $[0,1]$ 上，$f''(x) = 6x + 2.2 > 0$，故 $f(x)$ 在 $[0,1]$ 上的图形属于图 3-3-1a 情形．

按照 $f''(x)$ 与 $f(1)$ 同号，令 $x_0 = 1$，连续使用公式 $x_n = x_{n-1} - \dfrac{f(x_{n-1})}{f'(x_{n-1})}$，得：

$x_1 = 1 - \dfrac{f(1)}{f'(1)} \approx 0.738$；

$x_2 = 0.738 - \dfrac{f(0.738)}{f'(0.738)} \approx 0.674$；

$x_3 = 0.674 - \dfrac{f(0.674)}{f'(0.674)} \approx 0.671$；

$x_4 = 0.671 - \dfrac{f(0.671)}{f'(0.671)} \approx 0.671$，

至此，计算不能再继续.注意到 $f(x_i)(i=0,1,\cdots)$ 与 $f''(x)$ 同号，知 $f(0.671) > 0$，经计算可知 $f(0.670) < 0$，于是有 $0.670 < \xi < 0.671$．

以 0.670 或 0.671 作为根的近似值，其误差都小于 10^{-3}．

本章练习

一、选择题

1. 以下函数，在区间 $[-1,1]$ 上满足罗尔中值定理条件的是（　　　）．

   A. $y = \dfrac{1}{x}$ 　　　　B. $y = 2x^3$ 　　　　C. $y = |x|$ 　　　　D. $y = x^2 - 1$

2. 若 $f(x)$ 二阶可导，$f'(0) = 0$，$f'(1) = 1$，且 $f''(0) = -1$，$f''(1) = 1$，则下列说法正确的是（　　　）．

   A. $x = 0$ 为函数的极大值点 　　　　B. $x = 0$ 为函数的极小值点
   C. $x = 1$ 为函数的极大值点 　　　　D. $x = 1$ 为函数的极小值点

3. 若 $f(x)$ 二阶可导，且当 $x \in (0, +\infty)$ 时，$f'(x) > 0$，$f''(x) > 0$，则在 $(0, +\infty)$ 内曲线 $y = f(x)$ 为（　　　）．

   A. 单调下降，曲线是凸的 　　　　B. 单调上升，曲线是凸的
   C. 单调下降，曲线是凹的 　　　　D. 单调上升，曲线是凹的

4. 若点 $(1,2)$ 为曲线 $y = ax^3 + b$ 的一个拐点，则常数 a 和 b 的值分别是（　　　）．

   A. 0 和 1 　　　　B. 0 和 2 　　　　C. 1 和 2 　　　　D. 1 和 3

5. 若曲线 $y = ax - \dfrac{x^2}{x+2}$ 的水平渐近线存在，常数 a 的值为（　　　）．

   A. 0 　　　　B. 1 　　　　C. 2 　　　　D. 3

二、填空题

6. 当 $x = \pm 1$ 时，函数 $y = 2x^3 + 3ax + b$ 有极值，那么 $a =$ ＿＿＿＿＿＿．

7. 已知曲线 $y = 3x - x^3$，则其拐点坐标为_____.

8. 已知曲线函数 $y = 3 + \dfrac{a^3}{(x-b)^2}$，则其曲线的水平渐近线为_____.

9. 极限 $\lim\limits_{x \to 0} \dfrac{\sin x + \cos x - 1}{x} =$ _____.

10. 极限 $\lim\limits_{x \to \infty} \dfrac{2x^2 - x}{x^2 + 1} =$ _____.

三、计算题

11. 计算极限 $\lim\limits_{x \to 0^+} \dfrac{\ln \tan 3x}{\ln \tan 5x}$.

12. 求极限 $\lim\limits_{x \to 0} \dfrac{e^x - e^{-x}}{\sin x}$.

13. 求函数 $y = x^3 - 3x^2 - 9x + 5$ 的单调区间和极值.

14. 已知函数 $y = \ln(1 + x^2)$，求函数曲线的凹凸区间和拐点坐标.

15. 证明：当 $x > 4$ 时，$2^x > x^2$.

答案解析

一、选择题

1. 答案：D.

解析：A 项在 $x=0$ 处不连续也不可导；B 项在 $x=-1$ 处的函数值和 $x=1$ 处的函数值不相等；C 项在 $x=0$ 处不可导；D 项满足罗尔中值定理条件.

2. 答案：A.

解析：根据极值的第二充分条件，设函数 $f(x)$ 在 x_0 处有二阶导数，且 $f'(x_0)=0$，$f''(x_0)\neq 0$，则当 $f''(x_0)<0$ 时，$f(x_0)$ 为极大值，x_0 为极大值点，可知 $x=0$ 为函数的极大值点.

3. 答案：D.

解析：根据函数单调性的判别法以及曲线凹凸性的判定可知：

当 $f'(x)>0$ 时，函数是单调上升的；当 $f''(x)>0$ 时，曲线是凹的.

4. 答案：B.

解析：把点 $(1,2)$ 代入曲线方程得 $2=a+b$，

又 $y'=3ax^2$，$y''=6ax$，

点 $(1,2)$ 为曲线 $y=ax^3+b$ 的一个拐点，即当 $x=1$ 时，$y''=0$，

则有 $0=6a$，解得 $a=0$，则 $b=2$.

5. 答案：B.

解析：$\lim_{x\to\infty}(ax-\dfrac{x^2}{x+2})=\lim_{x\to\infty}\dfrac{ax(x+2)-x^2}{x+2}=\lim_{x\to\infty}\dfrac{(a-1)x^2+2ax}{x+2}=\lim_{x\to\infty}[2(a-1)x+2a]$，

要使曲线 $y=ax-\dfrac{x^2}{x+2}$ 的水平渐近线存在，则以上极限存在，即 $2(a-1)=0$，解得 $a=1$.

二、填空题

6. 答案：-2.

解析：$y'=6x^2+3a$，依题意可知当 $x=\pm 1$ 时 $y'=0$，即 $0=6+3a$，解得 $a=-2$.

7. 答案：$(0,0)$.

解析：$y'=3-3x^2$，$y''=-6x$，

令 $y''=0$，解得 $x=0$，当 $x<0$ 时，$y''>0$，当 $x>0$ 时，$y''<0$，

即在 $x=0$ 的左右两侧邻域 y'' 异号，则 $x=0$ 处是拐点，

当 $x=0$ 时，$y=0$，即拐点坐标为 $(0,0)$.

8. 答案：$y=3$.

解析：$\lim\limits_{x\to\infty}[3+\dfrac{a^3}{(x-b)^2}]=3$，则曲线的水平渐近线为 $y=3$．

9. 答案：1．

解析：根据洛必达法则得 $\lim\limits_{x\to 0}\dfrac{\sin x+\cos x-1}{x}=\lim\limits_{x\to 0}(\cos x-\sin x)=1$．

10. 答案：2．

解析：根据洛必达法则得 $\lim\limits_{x\to\infty}\dfrac{2x^2-x}{x^2+1}=\lim\limits_{x\to\infty}\dfrac{4x}{2x}=2$．

三、计算题

11. 解：根据洛必达法则和等价无穷小得

$$\text{原式}=\lim_{x\to 0^+}\dfrac{\dfrac{1}{\tan 3x}\cdot\sec^2 3x\cdot 3}{\dfrac{1}{\tan 5x}\cdot\sec^2 5x\cdot 5}=\lim_{x\to 0^+}\dfrac{3}{\tan 3x}\cdot\dfrac{\tan 5x}{5}=\lim_{x\to 0^+}\dfrac{3\cdot 5x}{5\cdot 3x}=1．$$

12. 解：根据洛必达法则和等价无穷小得

$$\text{原式}=\lim_{x\to 0}\dfrac{e^x-e^{-x}}{x}=\lim_{x\to 0}(e^x+e^{-x})=2．$$

13. 解：函数的定义域为 $(-\infty,+\infty)$，

$y'=3x^2-6x-9$，令 $y'=0$，解得 $x=3$ 和 $x=-1$，

当 $x<-1$ 和 $x>3$ 时，$y'>0$，函数为单调增加的，

当 $-1<x<3$ 时，$y'<0$，函数为单调减少的，

则函数的单调增区间为 $(-\infty,-1)\cup(3,+\infty)$，单调减区间为 $(-1,3)$．

$x=-1$ 时函数取得极大值，为 $f(-1)=10$，$x=3$ 时函数取得极小值，为 $f(3)=-22$．

14. 解：函数的定义域为 $(-\infty,+\infty)$，

$y'=\dfrac{2x}{1+x^2}$，$y''=\dfrac{2-2x^2}{(1+x^2)^2}$，

令 $y''=0$，解得 $x=\pm 1$，

当 $x<-1$ 和 $x>1$ 时，$y''<0$，函数曲线为凸的，

当 $-1<x<1$ 时，$y''>0$，函数曲线为凹的，

则函数曲线的凸区间为 $(-\infty,-1)\cup(1,+\infty)$，凹区间为 $(-1,1)$．

又 $x=\pm 1$ 左右邻域 y'' 异号，则 $x=\pm 1$ 对应的坐标为拐点坐标，

$f(-1)=\ln 2$，$f(1)=\ln 2$，

故拐点坐标为 $(-1,\ln 2)$ 和 $(1,\ln 2)$．

15. 证：令 $f(x)=2^x-x^2(x>4)$，

则 $f'(x)=2^x\ln 2-2x$，$f''(x)=\ln^2 2\cdot 2^x-2$，

当 $x>4$ 时，$f'(x)>0$，即 $f(x)$ 为单调增函数，

所以 $f(x)>f(4)=0$，即 $2^x-x^2>0$，

综上所述当 $x>4$ 时，$2^x>x^2$.

第四章 不定积分

考点梳理

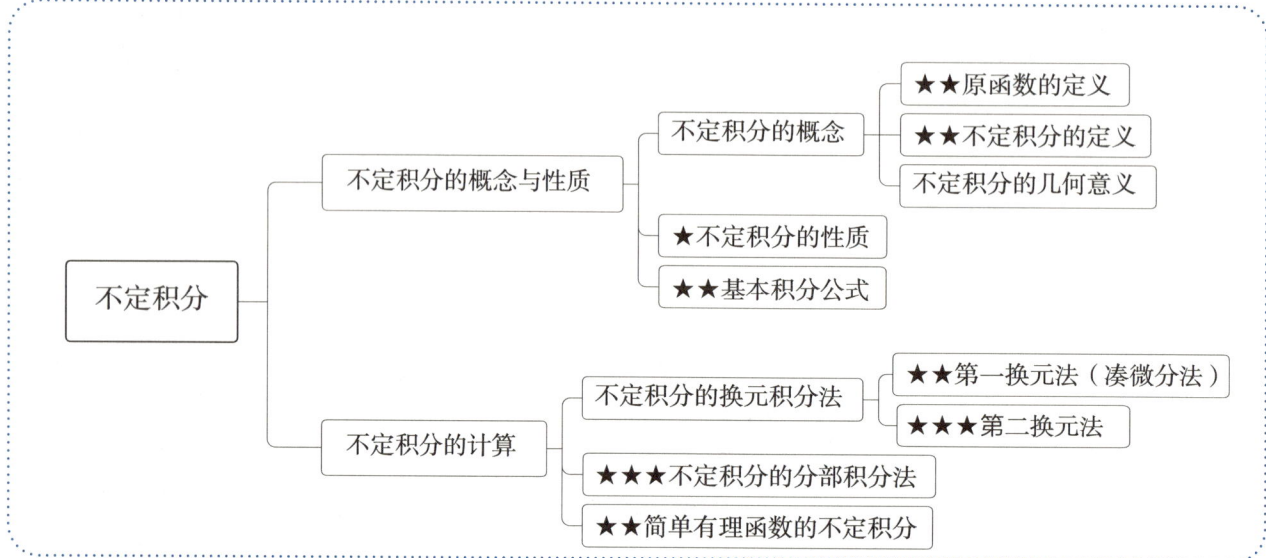

第一节 不定积分的概念与性质

课前思考

1. 原函数与不定积分的概念是什么?
2. 不定积分的性质都有哪些?

考点与要求

考　点	要　求
原函数与不定积分的概念及其关系	理解
不定积分的性质	掌握
不定积分的基本公式	熟练掌握

考点透析

一、不定积分的概念

1. 原函数的定义

定义：设函数 $f(x)$ 在区间 I 内有定义，如果存在函数 $F(x)$，对任意 $x \in I$ 有

$$F'(x) = f(x) \quad \text{或} \quad dF(x) = f(x)dx.$$

则称函数 $F(x)$ 是函数 $f(x)$ 在区间 I 内的一个原函数.

定理 1（原函数存在定理）：若 $f(x)$ 在 $[a,b]$ 上连续，则一定有原函数.

2. 不定积分的定义

定义：如果 $F(x)$ 是函数 $f(x)$ 在区间 I 内的一个原函数，则称 $F(x)+C$（C 为任意实数）是函数 $f(x)$ 在区间 I 内的不定积分，记作 $\int f(x) \, dx$，即

$$\int f(x) \, dx = F(x) + C.$$

其中记号 $\int$ 称为积分号，$f(x)$ 称为被积函数，$f(x)dx$ 称为被积表达式，x 称为积分变量.

3. 不定积分的几何意义

设 $F(x)$ 是函数 $f(x)$ 的任意一个原函数，$y = F(x)$ 的图形是 xOy 平面上的一条曲线，称此曲线为 $f(x)$ 的积分曲线. 积分曲线 $y = F(x)$ 在点 $(x, F(x))$ 处的斜率为 $f(x)$，$f(x)$ 的不定积分 $\int f(x)dx$ 在几何上是其一条积分曲线 $y = F(x)$ 沿 y 轴平移所得到的积分曲线族.

【例 1】已知 $F(x)$ 是函数 $f(x)$ 的一个原函数，则 $\int f(2x) \, dx = (\quad)$.

A. $F(x) + C$ B. $F(2x) + C$ C. $\dfrac{1}{2}F(2x) + C$ D. $\dfrac{1}{2}f(2x) + C$

答案：C.

解析：因为 $[\dfrac{1}{2}F(2x) + C]' = \dfrac{1}{2}f(2x) \cdot 2 = f(2x)$，所以 $\int f(2x)dx = \dfrac{1}{2}F(2x) + C$.

二、不定积分的性质

性质 1：设函数 $f(x)$ 及 $g(x)$ 的原函数存在，则

$$\int [f(x) \pm g(x)]dx = \int f(x)dx \pm \int g(x)dx.$$

性质 2：设函数 $f(x)$ 的原函数存在，k 为非零常数，则

$$\int kf(x)dx = k\int f(x)dx.$$

性质 3：$\int F'(x)dx = F(x) + C$ 或 $\int d[F(x)] = F(x) + C$.

性质 4：$[\int f(x)dx]' = f(x)$ 或 $d[\int f(x)dx] = f(x)dx$.

【例2】已知 $F(x)$ 是函数 $f(x)$ 的一个原函数，下列式子中正确的是（   ）.

A. $\int f'(x)dx = F(x) + C$ B. $[\int F(x)dx]' = f(x)$

C. $d[\int F(x) dx] = F(x)$ D. $[\int f(x) dx]' = f(x)$

答案：D.

解析：A 项中 $\int f'(x)dx = f(x) + C$；B 项中 $[\int F(x)dx]' = F(x)$；C 项中 $d[\int F(x) dx] = F(x)dx$；D 项中 $[\int f(x)dx]' = [F(x) + C]' = f(x)$.

三、基本积分公式

根据微分和积分的定义可以知道，积分运算是微分运算的逆过程，则可以从导数公式得到相应的积分公式，表 4-1-1 为常用的不定积分公式.

表4-1-1 常用不定积分公式

$\int k dx = kx + C$（k 为常数）	$\int x^a dx = \dfrac{1}{a+1} x^{a+1} + C(a \neq -1)$
$\int a^x dx = \dfrac{a^x}{\ln a} + C$（$a > 0$，且 $a \neq 1$）	$\int e^x dx = e^x + C$
$\int \dfrac{1}{x} dx = \ln |x| + C$	$\int \dfrac{1}{a^2 + x^2} dx = \dfrac{1}{a} \arctan \dfrac{x}{a} + C$
$\int \dfrac{1}{\sqrt{a^2 - x^2}} dx = \arcsin \dfrac{x}{a} + C$	$\int \cos x dx = \sin x + C$
$\int \sin x dx = -\cos x + C$	$\int \dfrac{1}{\cos^2 x} dx = \int \sec^2 x dx = \tan x + C$
$\int \dfrac{1}{\sin^2 x} dx = \int \csc^2 x dx = -\cot x + C$	$\int \sec x \tan x dx = \sec x + C$
$\int \csc x \cot x dx = -\csc x + C$	

【例3】求 $\int (x^2 + 2x + 3) dx$.

解：$\int (x^2 + 2x + 3) dx = \int x^2 dx + \int 2x dx + \int 3 dx = \dfrac{1}{3}x^3 + 2 \times \dfrac{1}{2}x^2 + 3x + C = \dfrac{1}{3}x^3 + x^2 + 3x + C$.

【例4】求 $\int \dfrac{1 + x + x^2}{x(1 + x^2)} dx$.

解：$\int \dfrac{1 + x + x^2}{x(1 + x^2)} dx = \int [\dfrac{x}{x(1 + x^2)} + \dfrac{1 + x^2}{x(1 + x^2)}] dx = \int \dfrac{1}{1 + x^2} dx + \int \dfrac{1}{x} dx = \arctan x + \ln |x| + C$.

第二节　不定积分的计算

课前思考

1. 不定积分的换元积分法有几类？

2. 分部积分法的公式是什么？

3. 如何计算一些简单有理函数的积分?

考点与要求

考 点	要 求
不定积分第一换元法	熟练掌握
不定积分第二换元法（仅限三角代换与简单的根式代换）	掌握
不定积分分部积分法	熟练掌握
简单有理函数的不定积分	熟练掌握

考点透析

一、不定积分的换元积分法

1. 第一换元法（凑微分法）

设 $f(u)$ 连续，$\varphi(x)$ 具有连续的一阶导数，则有公式：

$$\int f[\varphi(x)]\varphi'(x)\mathrm{d}x = \int f[\varphi(x)]\mathrm{d}[\varphi(x)] \xlongequal{令 u=\varphi(x)} \int f(u)\mathrm{d}u = F(u) + C = F[\varphi(x)] + C.$$

将 $\varphi'(x)$ 与 $\mathrm{d}x$ 之积"凑"成新变量 $u[u=\varphi(x)]$ 的微分 $\mathrm{d}[\varphi(x)]$ 是关键步骤，因此第一换元法又称为凑微分法.

以下为常用的凑微分公式（a，b 为常数）：

（1）$\int f(ax+b)\mathrm{d}x = \dfrac{1}{a}\int f(ax+b)\mathrm{d}(ax+b)$（$a \neq 0$）；

（2）$\int f(x^2)x\mathrm{d}x = \dfrac{1}{2}\int f(x^2)\mathrm{d}(x^2)$；

（3）$\int f(\ln x)\dfrac{1}{x}\mathrm{d}x = \int f(\ln x)\mathrm{d}(\ln x)$；

（4）$\int f(\sqrt{x})\dfrac{1}{\sqrt{x}}\mathrm{d}x = 2\int f(\sqrt{x})\mathrm{d}(\sqrt{x})$；

（5）$\int f(a^x)a^x\mathrm{d}x = \dfrac{1}{\ln a}\int f(a^x)\mathrm{d}(a^x)$（$a > 0$，且 $a \neq 0$）

特别地，$\int f(\mathrm{e}^x)\mathrm{e}^x\mathrm{d}x = \int f(\mathrm{e}^x)\mathrm{d}(\mathrm{e}^x)$；

（6）$\int f(\sin x)\cos x\mathrm{d}x = \int f(\sin x)\mathrm{d}(\sin x)$；

（7）$\int f(\cos x)\sin x\mathrm{d}x = -\int f(\cos x)\mathrm{d}(\cos x)$；

（8）$\int f(\tan x)\dfrac{1}{\cos^2 x}\mathrm{d}x = \int f(\tan x)\mathrm{d}(\tan x)$；

（9）$\int f(\arcsin x)\dfrac{1}{\sqrt{1-x^2}}\mathrm{d}x = \int f(\arcsin x)\mathrm{d}(\arcsin x)$；

（10）$\int f(\arctan x)\dfrac{1}{1+x^2}\mathrm{d}x = \int f(\arctan x)\mathrm{d}(\arctan x)$.

【例1】求 $\int \dfrac{1}{\sqrt{x}(1+x)}dx$.

解：因为 $\int f(\sqrt{x})\dfrac{1}{\sqrt{x}}dx = 2\int f(\sqrt{x})d(\sqrt{x})$,

所以 $\int \dfrac{1}{\sqrt{x}(1+x)}dx = 2\int \dfrac{1}{1+(\sqrt{x})^2}d(\sqrt{x})$ ，令 $u=\sqrt{x}$ ，则有

$2\int \dfrac{1}{1+(\sqrt{x})^2}d(\sqrt{x}) = 2\int \dfrac{1}{1+u^2}du = 2\arctan u + C$,

再以 $u=\sqrt{x}$ 代入，得 $\int \dfrac{1}{\sqrt{x}(1+x)}dx = 2\arctan\sqrt{x} + C$.

【例2】求 $\int \tan x\, dx$.

解：$\int \tan x\, dx = \int \dfrac{\sin x}{\cos x}dx = -\int \dfrac{1}{\cos x}d(\cos x)$ ，令 $u=\cos x$ ，则有

$-\int \dfrac{1}{\cos x}d(\cos x) = -\int \dfrac{1}{u}du = -\ln|u| + C$,

再以 $u=\cos x$ 代入，得 $\int \tan x\, dx = -\ln|\cos x| + C$.

【例3】求 $\int \cot x\, dx$.

解：$\int \cot x\, dx = \int \dfrac{\cos x}{\sin x}dx = \int \dfrac{1}{\sin x}d(\sin x)$ ，令 $u=\sin x$ ，则有

$\int \dfrac{1}{\sin x}d(\sin x) = \int \dfrac{1}{u}du = \ln|u| + C$,

再以 $u=\sin x$ 代入，得 $\int \cot x\, dx = \ln|\sin x| + C$.

2. 第二换元法

设函数 $x=\varphi(t)$ 单调且可导，且 $\varphi'(t) \neq 0$ ，$f[\varphi(t)]\varphi'(t)$ 具有原函数，则有

$$\int f(x)dx = \int f[\varphi(t)]\varphi'(t)dt \Big|_{t=\varphi^{-1}(x)}.$$

其中 $t=\varphi^{-1}(x)$ 是 $x=\varphi(t)$ 的反函数，这种方法叫做第二换元法．

第二换元法较多地用于求含根式函数的积分，通过换元法来消去根式，使积分易于求出，其主要分为三种情况．

（1）被积函数含有根式 $\sqrt[n]{ax+b}$ 时，其中 n 为正整数，a ，b 为常数且 $a \neq 0$ ，可以令 $\sqrt[n]{ax+b}=t$ ，则 $x=\dfrac{1}{a}(t^n-b)$.

【例4】求 $\int \dfrac{1}{2+\sqrt{x+1}}dx$.

解：令 $\sqrt{x+1}=t$ ，则 $x=t^2-1$ ，$dx=2t\,dt$ ，

$\int \dfrac{1}{2+\sqrt{x+1}}dx = 2\int \dfrac{t}{2+t}dt = 2\int \dfrac{2+t}{2+t}dt - 2\int \dfrac{2}{2+t}dt = 2\int dt - 4\int \dfrac{1}{2+t}dt = 2t - 4\ln|2+t| + C$,

代入 $t = \sqrt{x+1}$，可得 $\int \frac{1}{2+\sqrt{x+1}} dx = 2\sqrt{x+1} - 4\ln(2+\sqrt{x+1}) + C$．

（2）被积函数含有 $\sqrt[n]{ax+b}$，$\sqrt[m]{ax+b}$ 时，其中 n 为正整数，a，b 为常数且 $a \neq 0$，可以令 $\sqrt[nm]{ax+b} = t$，则 $x = \frac{t^{nm} - b}{a}$，$dx = \frac{nm}{a} t^{nm-1} dt$．

【例5】求 $\int \frac{1}{\sqrt{x}(1+\sqrt[3]{x})} dx$．

解：令 $\sqrt[6]{x} = t$，则 $x = t^6$，$\sqrt{x} = t^3$，$\sqrt[3]{x} = t^2$，$dx = 6x^5 dt$，

$\int \frac{1}{\sqrt{x}(1+\sqrt[3]{x})} dx = \int \frac{1}{t^3(1+t^2)} \cdot 6t^5 dt = 6\int \frac{t^2}{1+t^2} dt = 6\int (1 - \frac{1}{1+t^2}) dt = 6(t - \arctan t + C)$，

代入 $t = \sqrt[6]{x}$，可得 $\int \frac{1}{\sqrt{x}(1+\sqrt[3]{x})} dx = 6\sqrt[6]{x} - 6\arctan \sqrt[6]{x} + C$．

（3）被积函数含有根 $\sqrt{a^2 - x^2}$，$\sqrt{x^2 + a^2}$，$\sqrt{x^2 - a^2}$ 时，则需要进行如表4-2-1所示的三角代换．

表4-2-1 根式的三角代换

根式类型	代换公式	三角形图示
$\sqrt{a^2 - x^2}$	令 $x = a\sin t$，则 $dx = a\cos t dt$，$\sqrt{a^2 - x^2} = a\cos t$	
$\sqrt{x^2 + a^2}$	令 $x = a\tan t$，则 $dx = a\sec^2 t dt$，$\sqrt{x^2 + a^2} = a\sec t$	
$\sqrt{x^2 - a^2}$	令 $x = a\sec t$，则 $dx = a\sec t \tan t dt$，$\sqrt{x^2 - a^2} = a\tan t$	

【例6】求 $\int \frac{1}{\sqrt{x^2 + a^2}} dx (a > 0)$．

解：利用公式 $1 + \tan^2 t = \sec^2 t$ 来消去根式 $\sqrt{x^2 + a^2}$，将积分转化为三角函数的积分．

令 $x = a\tan t$，则 $\mathrm{d}x = a\sec^2 t \mathrm{d}t$，$\sqrt{x^2+a^2} = a\sec t$，

所以 $\int \dfrac{1}{\sqrt{x^2+a^2}}\mathrm{d}x = \int \dfrac{1}{a\sec t}\cdot a\sec^2 t \mathrm{d}t = \int \sec t \mathrm{d}t = \ln|\sec t + \tan t| + C_1$，

将 $\tan t = \dfrac{x}{a}$ 和 $\sec t = \dfrac{\sqrt{x^2+a^2}}{a}$ 代入，得

$$\int \dfrac{1}{\sqrt{x^2+a^2}}\mathrm{d}x = \ln\left|\dfrac{\sqrt{x^2+a^2}}{a} + \dfrac{x}{a}\right| + C_1 = \ln\left|x + \sqrt{x^2+a^2}\right| + C.$$

二、不定积分的分部积分法

设 $u(x)$ 与 $v(x)$ 均为 x 的连续可微函数. 于是，由函数乘积的求导公式，有

$$[u(x)v(x)]' = u'(x)v(x) + u(x)v'(x).$$

或者

$$u(x)v'(x) = [u(x)v(x)]' - u'(x)v(x).$$

再由不定积分的定义及线性性质，有

$$\int u(x)v'(x)\mathrm{d}x = \int\{[u(x)v(x)]' - u'(x)v(x)\}\mathrm{d}x$$

$$= \int [u(x)v(x)]'\mathrm{d}x - \int u'(x)v(x)\mathrm{d}x$$

$$= u(x)v(x) - \int u'(x)v(x)\mathrm{d}x.$$

即

$$\int u(x)v'(x)\mathrm{d}x = u(x)v(x) - \int u'(x)v(x)\mathrm{d}x.$$

或

$$\int u(x)\mathrm{d}[v(x)] = u(x)v(x) - \int v(x)\mathrm{d}[u(x)].$$

以上两个公式称为不定积分的分部积分公式.

一般地说，运用分部积分法的关键是 $u(x)$ 和 $v(x)$ 的确定，一般有两点要求：

（1）$v(x)$ 要容易求得；

（2）$\int u'(x)v(x)\mathrm{d}x$ 要比 $\int u(x)v'(x)\mathrm{d}x$ 易计算.

常见的分部积分公式中的 $u(x)$ 和 $v(x)$ 的确定如表 4-2-2 所示.

表 4-2-2　分部积分公式中 $u(x)$ 和 $v(x)$ 的确定

积分形式	$u(x)$ 和 $v(x)$ 的确定	改写形式
$\int x^n \mathrm{e}^x \mathrm{d}x$	$u(x) = x^n$，$v(x) = \mathrm{e}^x$	$\int x^n \mathrm{e}^x \mathrm{d}x = \int x^n \mathrm{d}(\mathrm{e}^x)$
$\int x^n \sin x \mathrm{d}x$	$u(x) = x^n$，$v(x) = \sin x$	$\int x^n \sin x \mathrm{d}x = -\int x^n \mathrm{d}(\cos x)$
$\int x^n \cos x \mathrm{d}x$	$u(x) = x^n$，$v(x) = \cos x$	$\int x^n \cos x \mathrm{d}x = \int x^n \mathrm{d}(\sin x)$

积分形式	$u(x)$ 和 $v(x)$ 的确定	改写形式
$\int x^n \ln x \mathrm{d}x$	$u(x) = \ln x$, $v(x) = x^n$	$\int x^n \ln x \mathrm{d}x = \dfrac{1}{n+1} \int \ln x \mathrm{d}(x^{n+1})$
$\int x^n \arcsin x \mathrm{d}x$	$u(x) = \arcsin x$, $v(x) = x^n$	$\int x^n \arcsin x \mathrm{d}x = \dfrac{1}{n+1} \int \arcsin x \mathrm{d}(x^{n+1})$
$\int x^n \arctan x \mathrm{d}x$	$u(x) = \arctan x$, $v(x) = x^n$	$\int x^n \arctan x \mathrm{d}x = \dfrac{1}{n+1} \int \arctan x \mathrm{d}(x^{n+1})$

对于 $\int \mathrm{e}^x \sin x \mathrm{d}x$ 和 $\int \mathrm{e}^x \cos x \mathrm{d}x$ 形式，$u(x)$ 和 $v(x)$ 的确定不固定，可以任意选择，但是，在进行多次分部积分时，每次选取的 $u(x)$ 和 $v(x)$ 应该一致．

【例 7】 求 $\int x \mathrm{e}^x \mathrm{d}x$．

解：$\int x \mathrm{e}^x \mathrm{d}x = \int x \mathrm{d}(\mathrm{e}^x) = x\mathrm{e}^x - \int \mathrm{e}^x \mathrm{d}x = x\mathrm{e}^x - \mathrm{e}^x + C = \mathrm{e}^x(x-1) + C$．

【例 8】 求 $\int x^2 \ln x \mathrm{d}x$．

解：$\int x^2 \ln x \mathrm{d}x = \dfrac{1}{3} \int \ln x \mathrm{d}x^3$

$= \dfrac{1}{3} x^3 \ln x - \dfrac{1}{3} \int x^3 \mathrm{d}(\ln x)$

$= \dfrac{1}{3} x^3 \ln x - \dfrac{1}{3} \int x^3 \cdot \dfrac{1}{x} \mathrm{d}x$

$= \dfrac{1}{3} x^3 \ln x - \dfrac{1}{3} \int x^2 \mathrm{d}x$

$= \dfrac{1}{3} x^3 \ln x - \dfrac{1}{9} x^3 + C$．

【例 9】 求 $\int \mathrm{e}^x \sin x \mathrm{d}x$．

令 $I = \int \mathrm{e}^x \sin x \mathrm{d}x = \int \sin x \mathrm{d}(\mathrm{e}^x)$

$= \mathrm{e}^x \sin x - \int \mathrm{e}^x \mathrm{d}(\sin x)$

$= \mathrm{e}^x \sin x - \int \mathrm{e}^x \cos x \mathrm{d}x$

$= \mathrm{e}^x \sin x - \int \cos x \mathrm{d}(\mathrm{e}^x)$

$= \mathrm{e}^x \sin x - \left[\mathrm{e}^x \cos x - \int \mathrm{e}^x \mathrm{d}(\cos x) \right]$

$= \mathrm{e}^x \sin x - \mathrm{e}^x \cos x - \int \mathrm{e}^x \sin x \mathrm{d}x$，

即 $I = \mathrm{e}^x \sin x - \mathrm{e}^x \cos x - I$，所以 $2I = \mathrm{e}^x \sin x - \mathrm{e}^x \cos x + C_1$，

解得 $I = \int \mathrm{e}^x \sin x \mathrm{d}x = \dfrac{1}{2} \mathrm{e}^x (\sin x - \cos x) + C$．

三、简单有理函数的不定积分

两个多项式的商 $\dfrac{P(x)}{Q(x)}$ 称为有理函数，又称有理分式．当分子多项式 $P(x)$ 的次数小于分母多项式 $Q(x)$ 的次数时，称这有理函数为真分式，否则称为假分式．

利用多项式的除法，总可以将一个假分式化成一个多项式与一个真分式之和的形式，如：

$$\frac{x^2}{1+x} = x - 1 + \frac{1}{1+x}.$$

因此，讨论有理分式的积分，只需讨论真分式的积分，真分式的分类以及不同类型使用的方法通常分为以下几种情况．

（1）$\displaystyle\int \frac{A}{x-a}\mathrm{d}x = A\ln|x-a| + C$；

（2）$\displaystyle\int \frac{A}{(x-a)^n}\mathrm{d}x = \frac{A}{-n+1}(x-a)^{-n+1} + C$；

（3）$\displaystyle\int \frac{ax+b}{x^2+cx+d}\mathrm{d}x$，详见例题 11．

【例 10】求 $\displaystyle\int \frac{x^2}{1+x}\mathrm{d}x$．

解：因为 $\dfrac{x^2}{1+x} = x - 1 + \dfrac{1}{1+x}$，

所以 $\displaystyle\int \frac{x^2}{1+x}\mathrm{d}x = \int (x - 1 + \frac{1}{1+x})\mathrm{d}x$

$= \displaystyle\int x\mathrm{d}x - \int \mathrm{d}x + \int \frac{1}{1+x}\mathrm{d}x$

$= \dfrac{1}{2}x^2 - x + \ln|1+x| + C$．

【例 11】求 $\displaystyle\int \frac{x+1}{x^2-5x+6}\mathrm{d}x$．

解：$\dfrac{x+1}{x^2-5x+6} = \dfrac{A}{x-2} + \dfrac{B}{x-3} = \dfrac{A(x-3)+B(x-2)}{(x-2)(x-3)} = \dfrac{(A+B)x-3A-2B}{(x-2)(x-3)}$，

通过系数比较得 $\begin{cases} A+B=1 \\ -3A-2B=1 \end{cases}$，解得 $\begin{cases} A=-3 \\ B=4 \end{cases}$，

所以 $\dfrac{x+1}{x^2-5x+6} = -\dfrac{3}{x-2} + \dfrac{4}{x-3}$，

则 $\displaystyle\int \frac{x+1}{x^2-5x+6}\mathrm{d}x = \int (-\frac{3}{x-2} + \frac{4}{x-3})\mathrm{d}x = -3\ln|x-2| + 4\ln|x-3| + C$．

本章练习

一、选择题

1. $\int \dfrac{1}{x^4} dx = ($ $\ \ \ \ )$.

   A. $-\dfrac{1}{4x^5} + C$ B. $-\dfrac{1}{3x^3} + C$ C. $-3x^3 + C$ D. $-4x^5 + C$

2. 设 $f(x) = k\tan 2x$ 的一个原函数是 $\dfrac{2}{3}\ln(\cos 2x)$，则常数 $k = ($ $\ \ \ \ )$.

   A. 0 B. $\dfrac{3}{4}$ C. $\dfrac{4}{3}$ D. $-\dfrac{4}{3}$

3. 设 e^{-x} 是函数 $f(x)$ 的一个原函数，则 $\int f(x)dx = ($ $\ \ \ \ )$.

   A. e^{-x} B. $e^x + C$ C. $e^{-x} + C$ D. $e^{2x} + C$

4. 已知 $F(x)$ 是 $f(x)$ 的一个原函数，则 $\int 2f(3x)dx = ($ $\ \ \ \ )$.

   A. $\dfrac{2}{3}F(3x) + C$ B. $F(3x) + C$ C. $2F(3x) + C$ D. $3F(3x) + C$

5. 已知 $F(x)$ 是 $f(x)$ 的一个原函数，则 $\int \cos x f(1-2\sin x)dx = ($ $\ \ \ \ )$.

   A. $-F(1-2\sin x) + C$ B. $-\dfrac{1}{2}F(1-2\sin x) + C$

   C. $-\dfrac{1}{2}f(1-2\sin x) + C$ D. $-f(1-2\sin x) + C$

二、填空题

6. $\int \cos^2 x dx = $ _____.

7. $\int \sin^2 x dx = $ _____.

8. $\int \dfrac{e^{\frac{1}{x}}}{x^2} dx = $ _____.

9. $\int \dfrac{\cos x}{\sqrt{\sin x}} dx = $ _____.

10. 设 $f(x)$ 的一个原函数为 $\ln x$，则 $\int f(1+2x)dx = $ _____.

三、计算题

11. 计算不定积分 $\int \dfrac{1}{2x+1} dx$.

12. 计算不定积分 $\int \arctan \sqrt{x} \, dx$.

13. 计算不定积分 $\int \dfrac{x}{\sqrt{x^2+4}} dx$.

14. 计算不定积分 $\int x^2 \ln x \, dx$.

15. 计算不定积分 $\int \dfrac{2x+3}{x^2+3x-10} dx$.

答案解析

一、选择题

1. 答案：B.

解析：根据公式 $\int x^a dx = \dfrac{1}{a+1} x^{a+1} + C$，

得 $\int \dfrac{1}{x^4} dx = \int x^{-4} dx = \dfrac{1}{-4+1} x^{-4+1} + C = -\dfrac{1}{3} x^{-3} + C = -\dfrac{1}{3x^3} + C$.

2. 答案：D.

解析：$[\frac{2}{3}\ln(\cos 2x)]' = \frac{2}{3} \cdot \frac{1}{\cos 2x} \cdot (-\sin 2x) \cdot 2 = -\frac{4}{3} \cdot \frac{\sin 2x}{\cos 2x} = -\frac{4}{3}\tan 2x$，则 $k = -\frac{4}{3}$.

3. 答案：C.

解析：根据不定积分的定义式 $\int f(x)\mathrm{d}x = F(x) + C$ 可知，

$\int f(x)\mathrm{d}x = F(x) + C = \mathrm{e}^{-x} + C$.

4. 答案：A.

解析：因为 $[\frac{2}{3}F(3x) + C]' = \frac{2}{3}f(3x) \cdot 3 = 2f(3x)$，

根据不定积分的定义式 $\int f(x)\mathrm{d}x = F(x) + C$ 可知，

$\int 2f(3x)\mathrm{d}x = \frac{2}{3}F(3x) + C$.

5. 答案：B.

解析：因为 $[-\frac{1}{2}F(1 - 2\sin x) + C]' = -\frac{1}{2}f(1 - 2\sin x) \cdot (-2\cos x) + C = \cos x f(1 - 2\sin x) + C$，

根据不定积分的定义式 $\int f(x)\mathrm{d}x = F(x) + C$ 可知，

$\int \cos x f(1 - 2\sin x)\mathrm{d}x = -\frac{1}{2}F(1 - 2\sin x) + C$.

二、填空题

6. 答案：$\frac{1}{4}\sin 2x + \frac{1}{2}x + C$.

解析：因为 $\cos 2x = 2\cos^2 x - 1$，所以 $\cos^2 x = \frac{1}{2}(\cos 2x + 1)$，

则 $\int \cos^2 x \mathrm{d}x = \frac{1}{2}\int (\cos 2x + 1)\mathrm{d}x$

$= \frac{1}{2}\int \cos 2x \mathrm{d}x + \frac{1}{2}\int \mathrm{d}x$

$= \frac{1}{2} \times \frac{1}{2}\int \cos 2x \mathrm{d}(2x) + \frac{1}{2}\int \mathrm{d}x$

$= \frac{1}{4}\sin 2x + \frac{1}{2}x + C$.

7. 答案：$\frac{1}{2}x - \frac{1}{4}\sin 2x + C$.

解析：因为 $\cos 2x = 1 - 2\sin^2 x$，所以 $\sin^2 x = \frac{1}{2}(1 - \cos 2x)$，

则 $\int \sin^2 x \mathrm{d}x = \frac{1}{2}\int (1 - \cos 2x)\mathrm{d}x$

$= \frac{1}{2}\int \mathrm{d}x - \frac{1}{2}\int \cos 2x \mathrm{d}x$

$$= \frac{1}{2}\int dx - \frac{1}{2} \times \frac{1}{2}\int \cos 2x d(2x)$$

$$= \frac{1}{2}x - \frac{1}{4}\sin 2x + C.$$

8. 答案：$-e^{\frac{1}{x}} + C$.

解析：$\int \frac{e^{\frac{1}{x}}}{x^2}dx = -\int e^{\frac{1}{x}}d(\frac{1}{x}) = -e^{\frac{1}{x}} + C$.

9. 答案：$2\sqrt{\sin x} + C$.

解析：$\int \frac{\cos x}{\sqrt{\sin x}}dx = \int \frac{1}{\sqrt{\sin x}}d(\sin x) = 2\sqrt{\sin x} + C$.

10. 答案：$\frac{1}{2}\ln(1+2x) + C$.

解析：依题意有 $f(1+2x)$ 的一个原函数为 $\frac{1}{2}\ln(1+2x)$，则 $\int f(1+2x)dx = \frac{1}{2}\ln(1+2x) + C$.

三、计算题

11. 解：$\int \frac{1}{2x+1}dx = \frac{1}{2}\int \frac{1}{2x+1}d(2x+1) = \frac{1}{2}\ln|2x+1| + C$.

12. 解：令 $\sqrt{x} = t$，则 $x = t^2$，

则 $\int \arctan\sqrt{x}dx = \int \arctan t d(t^2) = t^2\arctan t - \int \frac{t^2}{1+t^2}dt = t^2\arctan t - \int(1 - \frac{1}{1+t^2})dt$

$$= t^2\arctan t - \int dt + \int \frac{1}{1+t^2}dt = t^2\arctan t - t + \arctan t + C$$

把 $\sqrt{x} = t$ 返代回去得：

$\int \arctan\sqrt{x}dx = x\arctan\sqrt{x} - \sqrt{x} + \arctan\sqrt{x} + C$.

13. 解：令 $x = 2\tan t$，则 $dx = 2\sec^2 t$，$\sqrt{x^2+4} = 2\sec t$，则

$$\int \frac{x}{\sqrt{x^2+4}}dx = \int \frac{2\tan t}{2\sec t} \cdot 2\sec^2 t dt$$

$$= 2\int \tan t \sec t dt$$

$$= 2\int \frac{\sin t}{\cos^2 t}dt$$

$$= -2\int \frac{1}{\cos^2 t}d(\cos t)$$

$$= 2\frac{1}{\cos t} + C$$

$$= \sqrt{x^2+4} + C.$$

14. 解：$\int x^2 \ln x dx = \frac{1}{3}\int \ln x d(x^3) = \frac{1}{3}x^3 \ln x - \frac{1}{3}\int x^3 \cdot \frac{1}{x}dx = \frac{1}{3}x^3 \ln x - \frac{1}{9}x^3 + C$.

15. 解：$\frac{2x+3}{x^2+3x-10} = \frac{2x+3}{(x-2)(x+5)}$，

又 $\frac{A}{x-2} + \frac{B}{x+5} = \frac{A(x+5)+B(x-2)}{(x-2)(x+5)} = \frac{(A+B)x+5A-2B}{(x-2)(x+5)}$，

通过系数比较得 $\begin{cases} A+B=2 \\ 5A-2B=3 \end{cases}$，解得 $\begin{cases} A=1 \\ B=1 \end{cases}$，

所以 $\frac{2x+3}{x^2+3x-10} = \frac{1}{x-2} + \frac{1}{x+5}$，

则 $\int \frac{2x+3}{x^2+3x-10}dx = \int (\frac{1}{x-2} + \frac{1}{x+5})dx$

$= \int \frac{1}{x-2}dx + \int \frac{1}{x+5}dx$

$= \ln|x-2| + \ln|x+5| + C$

$= \ln|(x-2)(x+5)| + C$

$= \ln|x^2+3x-10| + C$.

第五章 定积分及其应用

考点梳理

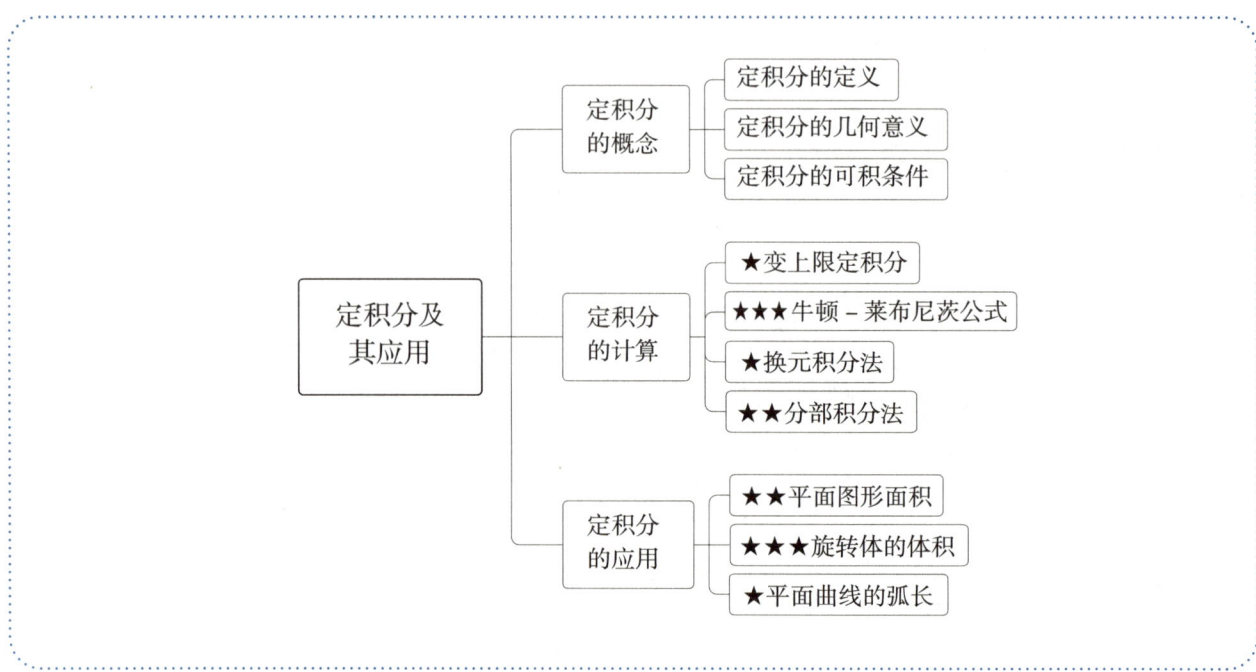

第一节 定积分的概念与计算

课前思考

1. 什么是定积分？
2. 定积分的性质有哪些？
3. 定积分的几何意义是什么？
4. 定积分的可积条件有哪些？

考点与要求

考 点	要 求
定积分的定义	理解
定积分的几何意义	理解
定积分的可积条件	理解
定积分的性质	理解

考点透析

一、定积分的概念

1. 定积分的定义

设函数 $y=f(x)$ 在 $[a,b]$ 上有界,在 $[a,b]$ 中任意插入若干个分点

$$x_0,x_1,x_2,\cdots,x_{n-1},x_n(a=x_0<x_1<x_2<\cdots<x_{n-1}<x_n=b)$$

把区间 $[a,b]$ 分成 n 个小区间

$$[x_0,x_1],[x_1,x_2],\cdots,[x_{n-1},x_n],$$

各小区间的长度依次为

$$\Delta x_1=x_1-x_0,\Delta x_2=x_2-x_1,\cdots,\Delta x_n=x_n-x_{n-1},$$

在每个小区间 $[x_{i-1},x_i]$ 上任取一点 $\xi_i(x_{i-1}\leq\xi_i\leq x_i)$,作函数值 $f(\xi_i)$ 与小区间长度 Δx_i 的乘积 $f(\xi_i)\Delta x_i(i=1,2,\cdots,n)$,并作出和

$$S=\sum_{i=1}^{n}f(\xi_i)\Delta x_i.$$

记 $\lambda=\max\{\Delta x_1,\Delta x_2,\cdots,\Delta x_n\}$,如果不论对 $[a,b]$ 怎样划分,也不论在小区间 $[x_{i-1},x_i]$ 上点 ξ_i 怎样选取,只要 $\lambda\to 0$ 时,和 S 总趋于确定的极限 I,那么称这个极限 I 为函数 $f(x)$ 在区间 $[a,b]$ 上的定积分(简称积分),记作 $\int_a^b f(x)\mathrm{d}x$,即

$$\int_a^b f(x)\mathrm{d}x=I=\lim_{\lambda\to 0}\sum_{i=1}^{n}f(\xi_i)\Delta x_i,$$

其中,$f(x)$ 叫做被积函数,$f(x)\mathrm{d}x$ 叫做被积表达式,x 叫做积分变量,a 叫做积分下限,b 叫做积分上限,$[a,b]$ 叫做积分区间.

2. 定积分的几何意义

在 $[a,b]$ 上,$f(x)\geq 0$ 时,定积分 $\int_a^b f(x)\mathrm{d}x$ 在几何上表示由曲线 $y=f(x)$、x 轴及两条直线 $x=a$,$x=b$ 所围成的曲边梯形的面积;$f(x)\leq 0$ 时,由曲线 $y=f(x)$、x 轴及两条直线 $x=a$,$x=b$ 所围成的曲边梯形位于 x 轴的下方,定积分 $\int_a^b f(x)\mathrm{d}x$ 在几何上表示该曲边梯形面积的负值.

一般地,如果 $f(x)$ 在 $[a,b]$ 上既取正值又取负值,那么曲线 $y=f(x)$ 有些部分在 x 轴的上方,有些部分在 x 轴的下方,这时定积分 $\int_a^b f(x)\mathrm{d}x$ 的值等于由曲线 $y=f(x)$、x 轴及两条直线 $x=a$,$x=b$ 所围成的若干个位于 x 轴上方和下方的曲边梯形的面积的代数和.

3. 定积分的可积条件

定理 1:设 $f(x)$ 在区间 $[a,b]$ 上连续,则 $f(x)$ 在 $[a,b]$ 上可积.

定理 2:设 $f(x)$ 在区间 $[a,b]$ 上有界,且只有有限个间断点,则 $f(x)$ 在 $[a,b]$ 上可积.

4. 定积分的性质

为了计算及应用方便,有两个补充规定:

（1）当 $a=b$ 时，$\int_a^b f(x)\mathrm{d}x=0$；

（2）当 $a>b$ 时，$\int_a^b f(x)\mathrm{d}x = -\int_b^a f(x)\mathrm{d}x$．

性质1（线性性质）：

（1）函数的和（差）的定积分等于它们定积分的和（差），即
$$\int_a^b [f(x) \pm g(x)]\mathrm{d}x = \int_a^b f(x)\mathrm{d}x \pm \int_a^b g(x)\mathrm{d}x；$$

（2）被积函数的常数因子可以提到积分号外面，即
$$\int_a^b kf(x)\mathrm{d}x = k\int_a^b f(x)\mathrm{d}x \quad (k \text{ 为常数})．$$

性质2（区间可加性）：

如果将积分区间分成两部分，则在整个区间上的定积分等于这两个部分区间上的定积分之和，即
$$\int_a^b f(x)\mathrm{d}x = \int_a^c f(x)\mathrm{d}x + \int_c^b f(x)\mathrm{d}x \ (a<c<b)．$$

性质3（保序性）：

如果在区间 $[a,b]$ 上 $f(x) \geq 0$，则
$$\int_a^b f(x)\mathrm{d}x \geq 0 \ (a<b)；$$

推论1：如果在区间 $[a,b]$ 上 $f(x) \geq g(x)$，则
$$\int_a^b f(x)\mathrm{d}x \geq \int_a^b g(x)\mathrm{d}x \ (a<b)；$$

推论2：
$$\left|\int_a^b f(x)\mathrm{d}x\right| \leq \int_a^b |f(x)|\mathrm{d}x \ (a<b)．$$

性质4（估值定理）：

设 M 和 m 分别是 $f(x)$ 在区间 $[a,b]$ 上的最大值和最小值，则
$$m(b-a) \leq \int_a^b f(x)\mathrm{d}x \leq M(b-a) \ (a<b)．$$

性质5（积分第一中值定理）：

设函数 $f(x)$ 在闭区间 $[a,b]$ 上连续，$g(x)$ 在 $[a,b]$ 上不变号，则至少存在一点 $\xi \in [a,b]$，使得
$$\int_a^b f(x)g(x)\mathrm{d}x = f(\xi)\int_a^b g(x)\mathrm{d}x \ (a<\xi<b)．$$

性质6（积分中值定理）：

如果函数 $f(x)$ 在闭区间 $[a,b]$ 上连续，则至少存在一点 $\xi \in [a,b]$，使得
$$\int_a^b f(x)\mathrm{d}x = f(\xi)(b-a)(a<\xi<b)．$$

这里 $f(\xi) = \dfrac{1}{b-a}\int_a^b f(x)\mathrm{d}x$ 叫做被积函数在区间 $[a,b]$ 上的平均值．

【例1】设 $f(x) = \begin{cases} \sqrt{x}, & 0 \leq x \leq 1 \\ \mathrm{e}^{-x}, & 1 < x \leq 3 \end{cases}$，求 $\int_0^3 f(x)\mathrm{d}x$．

解：因为 $f(x)$ 在 $[0,3]$ 上有界，且只有一个第一类间断点，故定积分 $\int_0^3 f(x)dx$ 存在．根据定积分对积分区间具有可加性，有

$$\int_0^3 f(x)dx = \int_0^1 f(x)dx + \int_1^3 f(x)dx = \int_0^1 \sqrt{x}dx + \int_1^3 e^{-x}dx = \frac{2}{3}x^{\frac{3}{2}}\Big|_0^1 + (-e^{-x})\Big|_1^3 = \frac{2}{3} + e^{-1} - e^{-3}.$$

二、定积分的计算

1. 变上限的定积分

定义：设函数 $f(x)$ 在区间 $[a,b]$ 上连续，则对于 $[a,b]$ 上的任意 x，$f(x)$ 在区间 $[a,x]$ 上也连续，所以 $f(x)$ 在 $[a,x]$ 上是可积的．于是由上限为 x 的定积分

$$\phi(x) = \int_a^x f(t)dt, \quad x \in [a,b]$$

定义了一个 x 的函数，它是变上限的定积分，我们称这个函数为变积分上限的函数．

定理 3（变积分上限函数求导）：如果函数 $f(x)$ 在区间 $[a,b]$ 上连续，则积分上限的函数 $\phi(x) = \int_a^x f(t)dt$ 在区间 $[a,b]$ 上可导，且

$$\phi'(x) = \frac{d}{dx}\int_a^x f(t)dt = f(x) \ (a \leqslant x \leqslant b).$$

定理 4（原函数存在定理）：如果函数 $f(x)$ 在区间 $[a,b]$ 上连续，则其积分上限的函数 $\phi(x) = \int_a^x f(t)dt$ 就是函数 $f(x)$ 在区间 $[a,b]$ 上的一个原函数．

公式补充：若 $\phi(x) = \int_x^b f(t)dt$，则 $\phi'(x) = -f(x)$；

$$\phi(x) = \int_a^{\varphi(x)} f(t)dt，则 \phi'(x) = f[\varphi(x)]\varphi'(x).$$

【例2】计算 $\dfrac{d}{dx}\int_0^{x^2}\sqrt{1+t^2}dt$．

解：根据变上限定积分的算法可得：$\dfrac{d}{dx}\int_0^{x^2}\sqrt{1+t^2}dt = 2x\sqrt{1+x^4}$．

2. 牛顿－莱布尼兹公式

设函数 $f(x)$ 在区间 $[a,b]$ 上连续，如果 $F(x)$ 是 $f(x)$ 在 $[a,b]$ 上的一个原函数，则

$$\int_a^b f(x)dx = F(x)\Big|_a^b = F(b) - F(a).$$

该公式称为微积分基本公式，也叫做牛顿－莱布尼茨公式．

3. 定积分的换元积分法

假设函数 $f(x)$ 在区间 $[a,b]$ 上连续，且函数 $x = \varphi(t)$ 满足：$\varphi(\alpha) = a$，$\varphi(\beta) = b$，且当 t 在 $[\alpha,\beta]$（或 $[\beta,\alpha]$）上变化时，$\varphi(t)$ 的值在 $[a,b]$ 上变化；$\varphi(t)$ 在 $[\alpha,\beta]$（或 $[\beta,\alpha]$）上具有连续的导数 $\varphi'(t)$，则有

$$\int_a^b f(x)dx = \int_\alpha^\beta f[\varphi(t)]\varphi'(t)dt.$$

上述公式叫做定积分的换元公式．

定积分还有对称性质，设函数 $f(x)$ 为区间 $[-a,a]$ 上的连续函数，其中 $a > 0$，则当 $f(x)$ 为奇函数时，

$\int_{-a}^{a} f(x)dx = 0$；当函数$f(x)$为偶函数时，$\int_{-a}^{a} f(x)dx = 2\int_{0}^{a} f(x)dx$.

【例3】 求 $\int_{0}^{4} \frac{x+2}{\sqrt{2x+1}} dx$.

解：令 $\sqrt{2x+1} = t$，这时 $x = \frac{1}{2}(t^2-1)$，$dx = tdt$，且 $x = 0$ 时，$t = 1$；$x = 4$ 时，$t = 3$.

故 $\int_{0}^{4} \frac{x+2}{\sqrt{2x+1}} dx = \int_{1}^{3} \frac{t^2+3}{2t} \cdot tdt = \frac{1}{2}\int_{1}^{3}(t^2+3)dt = \frac{1}{2}(\frac{1}{3}t^3+3t)\Big|_{1}^{3} = \frac{22}{3}$.

4. 定积分的分部积分法

设函数 $u(x)$ 与 $v(x)$ 在区间 $[a,b]$ 都有连续的导数，则

$$\int_{a}^{b} u(x)v'(x)dx = [u(x)v(x)]\Big|_{a}^{b} - \int_{a}^{b} u'(x)v(x)dx,$$

或

$$\int_{a}^{b} u(x)d[v(x)] = [u(x)v(x)]\Big|_{a}^{b} - \int_{a}^{b} v(x)d[u(x)].$$

上式称作定积分的分部积分公式.

【例4】 求 $\int_{0}^{1} x\ln(1+x)dx$.

解：令 $u = \ln(1+x)$，$v' = x = \left(\frac{x^2-1}{2}\right)'$，故由分部积分法得

$\int_{0}^{1} x\ln(1+x)dx = \int_{0}^{1} \ln(1+x)\left(\frac{x^2-1}{2}\right)'dx = \frac{x^2-1}{2}\ln(1+x)\Big|_{0}^{1} - \int_{0}^{1} \frac{1}{1+x} \cdot \frac{x^2-1}{2}dx = -\int_{0}^{1} \frac{1}{2}(x-1)dx = \frac{1}{4}$.

5. 广义积分的概念及其敛散性

无穷区间上的广义积分定义：

$$\int_{a}^{+\infty} f(x)dx = \lim_{b \to +\infty} \int_{a}^{b} f(x)dx.$$

若极限存在，则称广义积分 $\int_{a}^{+\infty} f(x)dx$ 是收敛的，它的值就是极限值；若极限不存在，则称广义积分 $\int_{a}^{+\infty} f(x)dx$ 是发散的，而发散的广义积分没有值的概念.

$\int_{-\infty}^{b} f(x)dx = \lim_{a \to -\infty} \int_{a}^{b} f(x)dx$ 同样有收敛和发散的概念，收敛的广义积分有值的概念.

【例5】 计算广义积分 $\int_{-\infty}^{+\infty} \frac{1}{1+x^2} dx$.

解：$\int_{-\infty}^{+\infty} \frac{1}{1+x^2} dx = \arctan x \Big|_{-\infty}^{+\infty} = \lim_{x \to +\infty} \arctan x - \lim_{x \to -\infty} \arctan x = \frac{\pi}{2} - (-\frac{\pi}{2}) = \pi$.

6. 两种反常积分的概念及其定义

（1）无穷积分

定义1：设函数 $f(x)$ 是定义在无穷区间 $[a,+\infty)$ 上的连续函数，且在任何有限区间 $[a,u]$ 上可积. 如果存在极限

$$\lim_{u\to+\infty}\int_a^u f(x)\mathrm{d}x = J,$$

则称此极限 J 为函数 $f(x)$ 在 $[a,+\infty)$ 上的无穷限反常积分（简称无穷积分），记作

$$J = \int_a^{+\infty} f(x)\mathrm{d}x,$$

并称 $\int_a^{+\infty} f(x)\mathrm{d}x$ 收敛. 如果极限不存在，则称 $\int_a^{+\infty} f(x)\mathrm{d}x$ 发散.

类似地，可定义 $f(x)$ 在 $(-\infty,b]$ 上的无穷积分：

$$\int_{-\infty}^b f(x)\mathrm{d}x = \lim_{u\to-\infty}\int_u^b f(x)\mathrm{d}x.$$

对于 $f(x)$ 在 $(-\infty,+\infty)$ 上的无穷积分，用前面的两种无穷积分定义为

$$\int_{-\infty}^{+\infty} f(x)\mathrm{d}x = \int_{-\infty}^a f(x)\mathrm{d}x + \int_a^{+\infty} f(x)\mathrm{d}x,$$

其中 a 可为任意实数，当且仅当正负两个无穷积分收敛时，上述式子才是收敛的.

$\int_a^{+\infty} f(x)\mathrm{d}x$ 收敛的几何意义：若 $f(x)$ 在 $[a,+\infty)$ 上为非负的连续函数，则极限 J 相当于曲线 $y=f(x)$、直线 $x=a$ 以及 x 轴所围成的并且向右无限延伸的阴影区域面积.

【例6】计算无穷积分 $\int_{-\infty}^{+\infty}\dfrac{\mathrm{d}x}{1+x^2}$.

解：任取实数 a，有 $\lim\limits_{u\to+\infty}\int_a^u \dfrac{1}{1+x^2}\mathrm{d}x = \lim\limits_{u\to+\infty}(\arctan u - \arctan a) = \dfrac{\pi}{2} - \arctan a$，

$\lim\limits_{u\to-\infty}\int_u^a f(x)\mathrm{d}x = \lim\limits_{u\to-\infty}(\arctan a - \arctan u) = \arctan a + \dfrac{\pi}{2}$，显然易知，该两个积分均收敛，则

$$\int_{-\infty}^{+\infty}\dfrac{\mathrm{d}x}{1+x^2} = \int_{-\infty}^a \dfrac{\mathrm{d}x}{1+x^2} + \int_a^{+\infty} \dfrac{\mathrm{d}x}{1+x^2} = \pi.$$

（2）瑕积分.

定义2：设 $f(x)$ 是定义在区间 $(a,b]$ 上的函数，在点 a 的任意右邻域上无界，但在闭区间 $[u,b]\subset(a,b]$ 上有界并且可积. 如果存在极限

$$\lim_{u\to a^+}\int_u^b f(x)\mathrm{d}x = J,$$

则称此极限为无界函数 $f(x)$ 在 $(a,b]$ 上的反常积分，记作

$$J = \int_a^b f(x)\mathrm{d}x,$$

并称反常积分 $\int_a^b f(x)\mathrm{d}x$ 收敛. 如果极限不存在，则反常积分 $\int_a^b f(x)\mathrm{d}x$ 发散.

在定义2中，若被积函数 $f(x)$ 在点 a 处是开区间无界的，则 a 称为 $f(x)$ 的瑕点，而无界函数反常积分 $\int_a^b f(x)\mathrm{d}x$ 又被称为瑕积分.

类似地，可定义瑕点为 b 时的瑕积分：

$$\int_a^b f(x)\mathrm{d}x = \lim_{u\to b^-}\int_a^u f(x)\mathrm{d}x.$$

其中 $f(x)$ 在 $[a,b]$ 上有定义，在点 b 任意左邻域上无界，但在 $[a,u] \subset [a,b)$ 上可积.

若 $f(x)$ 的瑕点 $c \in (a,b)$，则定义瑕积分

$$\int_a^b f(x)\mathrm{d}x = \lim_{u \to c^-} \int_a^u f(x)\mathrm{d}x + \lim_{v \to c^+} \int_v^b f(x)\mathrm{d}x.$$

其中 $f(x)$ 在 $[a,c] \cup (c,b]$ 上有定义，在点 c 的任一邻域上无界，但在任何 $[a,u] \subset [a,c)$ 和 $[v,b] \subset (c,b]$ 上都可积.当且仅当上式右边两个瑕积分都收敛时，左边的瑕积分才是收敛的.

又若 a，b 两点都是 $f(x)$ 的瑕点，而 $f(x)$ 在任何 $[u,v] \subset (a,b)$ 上可积，这时定义瑕积分

$$\int_a^b f(x)\mathrm{d}x = \lim_{u \to a^+} \int_u^c f(x)\mathrm{d}x + \lim_{v \to b^-} \int_c^v f(x)\mathrm{d}x,$$

其中 c 为任意实数.同样地，当且仅当上式右边两个瑕积分都收敛时，左边的瑕积分才是收敛的.

【例7】计算瑕积分 $\int_0^1 \dfrac{\mathrm{d}x}{\sqrt{1-x^2}}$ 的值.

解：易知函数 $f(x) = \dfrac{1}{\sqrt{1-x^2}}$ 在 $[0,1)$ 上连续，从而在任意 $[0,u] \subset [0,1)$ 上可积，$x=1$ 为其瑕点.

则 $\int_0^1 \dfrac{\mathrm{d}x}{\sqrt{1-x^2}} = \lim_{u \to 1^-} \int_0^u \dfrac{\mathrm{d}x}{\sqrt{1-x^2}} = \lim_{u \to 1^-} \arcsin u = \dfrac{\pi}{2}$.

第二节 定积分的应用

课前思考

1. 定积分都有哪些应用？
2. 直角坐标系下平面图形的面积公式是什么？

考点与要求

考 点	要 求
直角坐标下用定积分计算平面图形的面积	掌握
平面图形绕坐标轴旋转所生成的旋转体体积	掌握
直角坐标系下计算平面曲线弧长	了解

考点透析

一、平面图形的面积

1. 直角坐标系下平面图形的面积

若函数 $y=f(x)$ 和 $y=g(x)$ 在 $[a,b]$ 上连续且 $f(x) \geq g(x)$，则由曲线 $y=f(x)$ 与 $y=g(x)$，以及直线 $x=a$，$x=b$ 所围平面图形的面积为

$$A = \int_a^b [f(x) - g(x)] dx,$$

2. 参数方程下平面图形的面积

由曲线函数 $\begin{cases} x = \varphi(t) \\ y = \psi(t) \end{cases}$，$[\psi(t) > 0]$ 和直线 $x=a$，$x=b$ 以及 x 轴所围成的曲边梯形的面积为

$$A = \int_a^b y dx = \int_{t_1}^{t_2} \psi(t) \varphi'(t) dt,$$

其中 t_1，t_2 分别为 $x=a$，$x=b$ 相对应的参数 t 的值，即 $\varphi(t_1) = a$，$\varphi(t_2) = b$.

3. 极坐标系下平面图形的面积

由曲线 $r = \varphi(\theta)$ 及射线 $\theta = \alpha$，$\theta = \beta(\alpha < \beta)$ 所围成的图形的面积为

$$A = \int_\alpha^\beta \frac{1}{2} [\varphi(\theta)]^2 d\theta.$$

【例1】求由抛物线 $y^2 = 2x$，直线 $y = x - 4$ 所围成的图形的面积.

解：由题可得 $\begin{cases} y^2 = 2x \\ y = x - 4 \end{cases}$，解方程组得交点 $(2, -2)$ 及 $(8, 4)$.

此题取纵坐标 y 为积分变量可便于计算，它的变化范围为区间 $[-2, 4]$，相应的原左右两条线是 $x = \frac{y^2}{2}$ 和 $x = 4 + y$. 根据公式，所求面积为

$$A = \int_{-2}^{4} (4 + y - \frac{y^2}{2}) dy = (\frac{y^2}{2} + 4y - \frac{y^3}{6}) \Big|_{-2}^{4} = 18.$$

二、空间立体的体积

（1）由连续曲线 $y = f(x) \geq 0$，直线 $x = a$，$x = b(a < b)$ 及 x 轴所围成的曲边梯形绕 x 轴旋转一周而成的旋转体的体积为

$$V = \pi \int_a^b f^2(x) dx.$$

（2）由连续曲线 $x = \varphi(y)$，直线 $y = c$，$y = d(c < d)$ 及 y 轴所围成的曲边梯形绕 y 轴旋转一周而成的旋转体的体积为

$$V = \pi \int_c^d \varphi^2(y) dy.$$

【例2】求曲线 $y = \sin x$，$y = \cos x (0 \leq x \leq \frac{\pi}{2})$ 和 x 轴所围成的图形绕 x 轴旋转一周而成的旋转体的体积.

解：两曲线 $y = \sin x$，$y = \cos x$ 在 $0 \leq x \leq \frac{\pi}{2}$ 内的交点是 $(\frac{\pi}{4}, \frac{\sqrt{2}}{2})$. 由于在 $0 \leq x \leq \frac{\pi}{2}$ 内，曲边梯形的

曲边是一个分段函数，故所求的旋转体体积可以分作两个小旋转体的体积之和，即有

$$V=\int_0^{\frac{\pi}{4}}\pi\sin^2 x\mathrm{d}x+\int_{\frac{\pi}{4}}^{\frac{\pi}{2}}\pi\cos^2 x\mathrm{d}x=\int_0^{\frac{\pi}{4}}\frac{1}{2}\pi(1-\cos 2x)\mathrm{d}x+\int_{\frac{\pi}{4}}^{\frac{\pi}{2}}\frac{1}{2}\pi(1+\cos 2x)\mathrm{d}x=\frac{\pi^2}{4}-\frac{\pi}{2}.$$

三、平面曲线弧长

1. 直角坐标系下的平面曲线弧长

函数 $y=f(x)$ 在区间 $[a,b]$ 具有一阶连续导数，则所求的弧长公式为

$$S=\int_a^b\sqrt{1+(y')^2}\mathrm{d}x.$$

2. 参数方程下的平面曲线弧长

由参数方程 $\begin{cases} x=\varphi(t) \\ y=\psi(t) \end{cases}(\alpha\leqslant t\leqslant\beta)$ 给出的曲线弧的弧长公式为

$$S=\int_\alpha^\beta\sqrt{[\varphi'(t)]^2+[\psi'(t)]^2}\mathrm{d}t.$$

3. 极坐标系下的平面曲线弧长（了解）

曲线 $r=r(\theta)(\alpha\leqslant\theta\leqslant\beta)$ 的弧长公式为

$$S=\int_\alpha^\beta\sqrt{r^2(\theta)+r'^2(\theta)}\mathrm{d}\theta.$$

【例3】求 $y=\dfrac{\mathrm{e}^x+\mathrm{e}^{-x}}{2}$ 从 $x=0$ 到 $x=a(a>0)$ 的那一段弧的弧长.

解：因为 $y'=\dfrac{\mathrm{e}^x-\mathrm{e}^{-x}}{2}$，所以弧长微元为

$$\mathrm{d}S=\sqrt{1+y'^2}\mathrm{d}x=\frac{\mathrm{e}^x+\mathrm{e}^{-x}}{2}\mathrm{d}x,$$

所求的弧长为

$$S=\int_0^a\frac{\mathrm{e}^x+\mathrm{e}^{-x}}{2}\mathrm{d}x=\frac{\mathrm{e}^a-\mathrm{e}^{-a}}{2}.$$

四、定积分在物理中的某些应用（了解）

1. 液体静压力

【例4】如下图为一管道的圆形闸门（半径为 3m）. 问：水平面齐至直径时，闸门所受到水的静压力为多大？

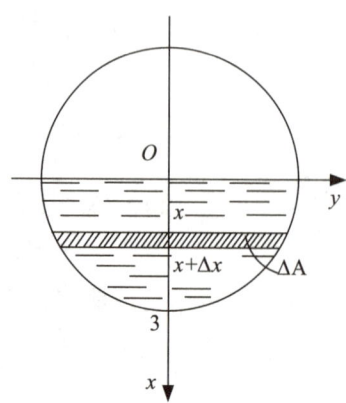

解：由图可知圆的方程为 $x^2 + y^2 = 9$.

由于在相同深度处水的静压力相等，其值等于水的密度 ρ 与重力加速度 g 及深度 x 的乘积，故当 Δx 很小时，闸门上从深度 x 到 $x + \Delta x$，对应 ΔA 区域所受静压力 $\mathrm{d}P = 2\rho g x \sqrt{9 - x^2}\,\mathrm{d}x$.

则闸门所受总压力 $P = \int_0^3 2\rho g x \sqrt{9 - x^2}\,\mathrm{d}x = 18\rho g$.

2. 引力

【例5】一根长为 l 的均匀细杆，质量为 M，在其中垂线上相距细杆为 a 距离处有一质量为 m 的质点，试求细杆对质点的万有引力.

解：如下图

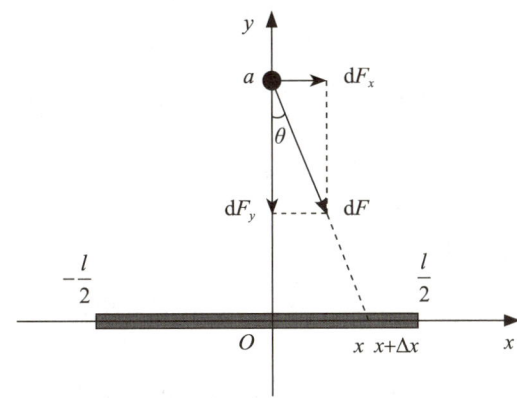

细杆位于 x 轴上的 $\left[-\dfrac{l}{2}, \dfrac{l}{2}\right]$ 区域，质点位于 y 轴上的点 a 处. 任取 $[x, x+\Delta x] \subset \left[-\dfrac{l}{2}, \dfrac{l}{2}\right]$，当 Δx 很小时可把这一小段细杆看作一质点，其质量为 $\mathrm{d}M = \dfrac{M}{l}\mathrm{d}x$. 则所求万有引力为

$$\mathrm{d}F = \frac{Gm\,\mathrm{d}M}{r^2} = \frac{Gm}{a^2 + x^2} \cdot \frac{M}{l}\mathrm{d}x, \quad \mathrm{d}F_x = \mathrm{d}F \sin\theta, \quad \mathrm{d}F_y = -\mathrm{d}F\cos\theta.$$

其中 G 为万有引力常量，r 为两质点间的距离.

由于质点 m 位于细杆的中垂线上，故水平合力为 0，即 $F_x = \int_{-l/2}^{l/2} \mathrm{d}F_x = 0$.

又由 $\cos\theta = \dfrac{a}{\sqrt{a^2 + x^2}}$，则垂直合外力为

$$F_y = \int_{-l/2}^{l/2} \mathrm{d}F_y = -2\int_0^{l/2} \frac{GmMa}{l}(a^2 + x^2)^{-3/2}\,\mathrm{d}x = -\frac{2GmMa}{l} \cdot \frac{1}{a^2} \cdot \frac{x}{\sqrt{a^2 + x^2}}\bigg|_0^{l/2} = -\frac{2GmM}{a\sqrt{4a^2 + l^2}}.$$

3. 功与平均功率

【例6】在纯电阻电路中，已知交流电压为 $V = V_\mathrm{m} \sin \omega t$（$V_\mathrm{m}$ 为交流电压峰值）. 求在一个周期 $[0, T]$（$T = \dfrac{2\pi}{\omega}$）内消耗在电阻 R 上的能量 W.

解：在直流电压（$V = V_0$）下，功率 $P = \dfrac{V_0^2}{R}$，那么在时间 T 内所做的功 $W = PT = \dfrac{V_0^2 T}{R}$. 现在 V 为交流电压，瞬时功率为 $P(t) = \dfrac{V_\mathrm{m}^2}{R}\sin^2\omega t$. 这相当于在任意一小段时间 $[t, t+\Delta t] \subset [0, T]$ 上，当 Δt 很小时，可把 V 近似

看作恒为 $V = V_m \sin \omega t$ 的情形，于是取功的微元为 $dW = P(t)dt$，则所求能量为

$$W = \int_0^T P(t)dt = \int_0^{2\pi/\omega} \frac{V_m^2}{R} \sin^2 \omega t = \frac{\pi V_m^2}{R\omega}.$$

本章练习

一、选择题

1. 设 $I = \int \dfrac{1}{x^4} dx$，则 $I = ($ _____ $)$.

   A. $-4x^{-5} + C$ B. $-\dfrac{1}{3x^3} + C$ C. $-\dfrac{1}{3}x^3 + C$ D. $\dfrac{1}{3}x^{-3} + C$

2. 设 e^{-2x} 是 $f(x)$ 的一个原函数，则 $\lim\limits_{\Delta x \to 0} \dfrac{f(x - 2\Delta x) - f(x)}{\Delta x} = ($ _____ $)$.

   A. $2e^{-2x}$ B. $-8e^{-2x}$ C. $-2e^{-2x}$ D. $4e^{-2x}$

3. 函数曲线 $y = \int_0^x e^{-t^3} dt$ 在定义域内（_____）.

   A. 有极值无拐点   B. 有极值有拐点   C. 无极值有拐点   D. 无极值无拐点

4. 由三条直线 $x = 0$，$x = 2$，$y = 0$ 和曲线 $y = x^3$ 所围成的图形的面积为（_____）.

   A. 4   B. $\dfrac{4}{3}$ C. $\dfrac{18}{5}$ D. 6

二、计算题

5. 计算定积分 $\int_0^1 \dfrac{1}{4 + x^2} dx$.

6. 计算定积分 $\int_1^{2e} \ln(2x + 1) dx$.

7. 计算定积分 $\int_0^1 \ln(\sqrt{1 + x^2}) dx$.

8. 计算定积分 $\int_0^1 2x2^x dx$.

9. 计算定积分 $\int_0^2 xe^{\frac{x}{2}} dx$.

10. 计算定积分 $\int_0^1 \dfrac{1+x}{1+x^2} dx$.

11. 计算广义积分 $\int_2^{+\infty} \dfrac{1}{(x-1)^3} dx$.

12. 计算广义积分 $\int_1^{+\infty} e^{-2x} dx$.

13. 曲线 $y = 2 - 2x^2$ 和 $y = 1 - x^2$ 围成一平面图形，求：

（1）该平面图形的面积；

（2）将该平面分别绕 x 轴和 y 轴旋转围成的旋转体的体积．

14. 求由两条曲线 $y=\cos x$，$y=\sin x$ 以及两条直线 $x=0$，$x=\dfrac{\pi}{4}$ 所围成的平面图形绕 x 轴旋转而成的旋转体体积．

15. 求曲线 $y=x^2$ 与直线 $y=0$，$x=2$ 所围成的平面图形绕 y 轴旋转所得的旋转体的体积．

答案解析

一、选择题

1. 答案：B．

解析：求原函数，$\displaystyle\int \dfrac{1}{x^4}\mathrm{d}x=-\dfrac{1}{3x^3}+C$，选 B．

2. 答案：B．

解析：$f(x)=-2\mathrm{e}^{-2x}$，$f'(x)=4\mathrm{e}^{-2x}$，$\displaystyle\lim_{\Delta x\to 0}\dfrac{f(x-2\Delta x)-f(x)}{\Delta x}=-2f'(x)=-8\mathrm{e}^{-2x}$．

3. 答案：D．

解析：$y'=\mathrm{e}^{-x^3}$，$y''=-3x^2\mathrm{e}^{-x^3}$，显然地 $y'=0$ 不存在，$y''=0\Rightarrow x=0$，又因为 $x=0$ 时，函数无意义，所以该函数无极值也无拐点．

4. 答案：A．

解析：由题意可列出积分式子 $\displaystyle\int_0^2 x^3\mathrm{d}x=\dfrac{1}{4}x^4\bigg|_0^2=\dfrac{1}{4}\times 16=4$，选 A．

二、计算题

5. 解：$\displaystyle\int_0^1 \dfrac{1}{4+x^2}\mathrm{d}x=\int_0^1 \dfrac{1}{4}\cdot\dfrac{1}{1+\left(\dfrac{x}{2}\right)^2}\mathrm{d}x=\dfrac{1}{2}\arctan\dfrac{x}{2}\bigg|_0^1=\dfrac{1}{2}\arctan\dfrac{1}{2}$．

6. 解：$\displaystyle\int_1^{2\mathrm{e}}\ln(2x+1)\mathrm{d}x=x\ln(2x+1)\bigg|_1^{2\mathrm{e}}-\int_1^{2\mathrm{e}}\dfrac{2x}{2x+1}\mathrm{d}x=(2\mathrm{e}+1)\ln(4\mathrm{e}+1)-\dfrac{3}{2}\ln 3-2\mathrm{e}+1$．

7. 解：$\int_0^1 \ln(\sqrt{1+x^2})dx = x\ln(\sqrt{1+x^2})\Big|_0^1 - \int_0^1 x\left[\ln(\sqrt{1+x^2})\right]'dx$

$= x\ln(\sqrt{1+x^2})\Big|_0^1 - \int_0^1 (1 - \frac{1}{1+x^2})dx$

$= x\ln(\sqrt{1+x^2})\Big|_0^1 - (x - \arctan x)\Big|_0^1$

$= \ln\sqrt{2} + \frac{\pi}{4} - 1$.

8. 解：$\int_0^1 2x2^x dx = (2x \cdot \frac{2^x}{\ln 2})\Big|_0^1 - \int_0^1 \frac{2^{x+1}}{\ln 2}dx = \frac{4}{\ln 2} - \frac{2^{x+1}}{(\ln 2)^2}\Big|_0^1 = \frac{4\ln 2 - 2}{(\ln 2)^2}$.

9. 解：$\int_0^2 xe^{\frac{x}{2}}dx = 2xe^{\frac{x}{2}}\Big|_0^2 - \int_0^2 2e^{\frac{x}{2}}dx = 4e - 4e + 4 = 4$.

10. 解：$\int_0^1 \frac{1+x}{1+x^2}dx = \int_0^1 \frac{1}{1+x^2}dx + \int_0^1 \frac{x}{1+x^2}dx = \arctan x\Big|_0^1 + \frac{1}{2}\ln(1+x^2)\Big|_0^1 = \frac{\pi}{4} + \frac{\ln 2}{2}$.

11. 解：$\int_2^{+\infty} \frac{1}{(x-1)^3}dx = -\frac{1}{2(x-1)^2}\Big|_2^{+\infty} = \lim_{x\to+\infty}\left[-\frac{1}{2(x-1)^2}\right] - \lim_{x\to 2}\left[-\frac{1}{2(x-1)^2}\right] = 0 + \frac{1}{2} = \frac{1}{2}$.

12. 解：$\int_1^{+\infty} e^{-2x}dx = -\frac{1}{2}e^{-2x}\Big|_1^{+\infty} = \lim_{x\to+\infty}(-\frac{1}{2}e^{-2x}) - \lim_{x\to 1}(-\frac{1}{2}e^{-2x}) = 0 + \frac{1}{2}e^{-2} = \frac{1}{2}e^{-2}$.

13. 解：（1）$I = 2\int_0^1 (2-2x^2-1+x^2)dx = 2\int_0^1 (1-x^2)dx = 2(-\frac{1}{3}x^3 + x)\Big|_0^1 = \frac{4}{3}$,

（2）$V_x = 2\pi\int_0^1 \left[(-2x^2+2)^2 - (1-x^2)^2\right]dx = 2\pi\int_0^1 (3x^4 - 6x^2 + 3)dx$

$= 2\pi(\frac{3}{5}x^5 - 2x^3 + 3x)\Big|_0^1 = \frac{16\pi}{5}$.

$V_y = 2\pi\int_0^1 \left[\left(\sqrt{\frac{2-y}{2}}\right)^2 - (\sqrt{1-y})^2\right]dy = 2\pi \cdot \frac{1}{4}y^2\Big|_0^1 = \frac{\pi}{2}$.

14. 解：$V = \pi\int_0^{\frac{\pi}{4}} (\cos^2 x - \sin^2 x)dx = \pi\int_0^{\frac{\pi}{4}} \cos 2x\, dx = \frac{\pi}{2}\sin 2x\Big|_0^{\frac{\pi}{4}} = \frac{\pi}{2}$.

15. 解：$V = \pi\int_0^4 (2^2 - y)dy = \pi(4y\Big|_0^4 - \frac{1}{2}y^2\Big|_0^4) = 16\pi - 8\pi = 8\pi$.

第六章 常微分方程

考点梳理

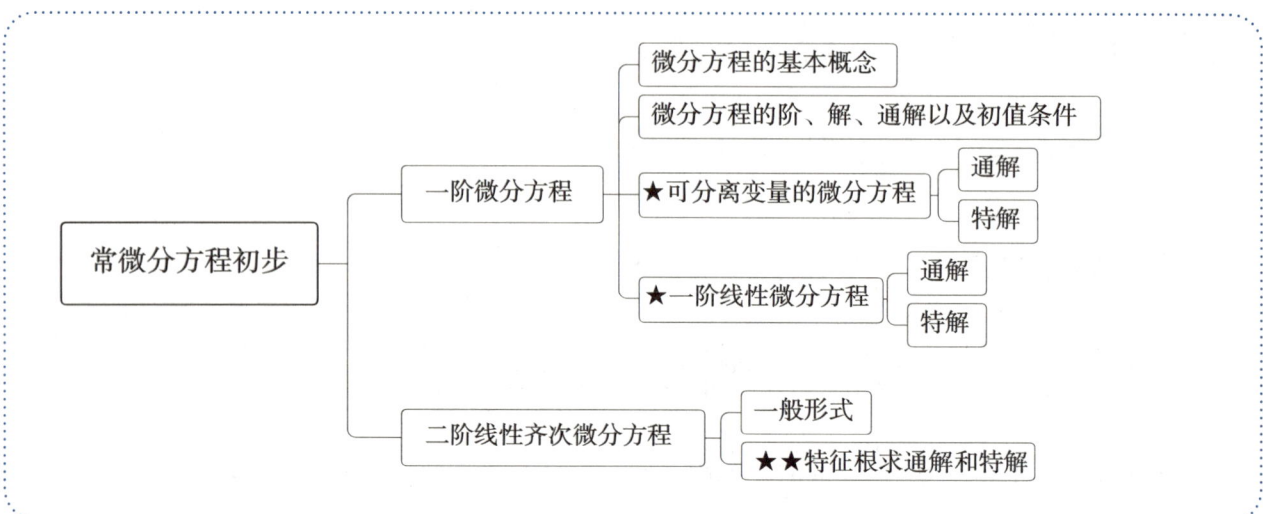

第一节 一阶微分方程

课前思考

1. 什么是微分方程?
2. 微分方程有哪些分类?
3. 什么是微分方程的通解和特解?
4. 如何求微分方程的通解和特解?

考点与要求

考　点	要　求
微分方程的基本概念	了解
可分离变量的微分方程求解	掌握
一阶线性微分方程求解	掌握
微分方程的阶、解以及初值条件	了解

考点透析

一、微分方程的基本概念

1. 微分方程的定义

定义：凡是表示自变量、未知函数及未知函数的导数（或微分）之间关系的方程称作微分方程．

其中未知函数为一元函数的微分方程称作常微分方程．

2. 微分方程的阶

定义：微分方程中所出现的未知函数的最高阶导数的阶数，称作微分方程的阶数．

3. 微分方程的解

定义：如果将求得函数及其各阶导数代入微分方程，能使方程成为恒等式，此函数就称为微分方程的解．

通解：若微分方程的解中含有任意常数，且独立的任意常数的个数恰等于微分方程的阶数，则这样的解叫做微分方程的通解．

特解：若给出一个条件，由它来确定微分方程通解中任意常数的值，称这个条件为定解条件，也叫初始条件．由它确定出任意常数之后所得到的解叫做微分方程的特解．

二、一阶微分方程

1. 可分离变量的微分方程

一般地，如果一阶微分方程解出 y' 后形如

$$\frac{dy}{dx} = f(x) \cdot g(y),$$

即右边可表示为两个单变量因式的乘积，则称之为可分离变量的微分方程．

两种常见形式：

（1） $y' = f(x)g(y) \Rightarrow \dfrac{dy}{g(y)} = f(x)dx \Rightarrow \displaystyle\int \dfrac{dy}{g(y)} = \int f(x)dx + C$；

（2） $M_1(x)N_1(y)dx + M_2(x)N_2(y)dy = 0 \Rightarrow -\displaystyle\int \dfrac{M_1(x)}{M_2(x)}dx = \int \dfrac{N_2(y)}{N_1(y)}dy + C$．

【例 1】求方程 $xy' - y\ln y = 0$ 的通解．

解：由题意可知，此方程为可分离变量的微分方程，所以原式可化为

$$x\frac{dy}{dx} - y\ln y = 0$$

$$\frac{1}{y\ln y}dy = \frac{1}{x}dx$$

$$\ln(\ln|y|) = \ln|x| + \ln C$$

$$\ln|y| = Cx,$$

解得：$y = e^{Cx}$．

2. 齐次方程的定义（了解）

如果一阶微分方程可以化为如下形式：

$$\frac{dy}{dx} = \varphi(\frac{y}{x}),$$

那么，我们称这类方程为齐次方程.

3. 一阶线性齐次方程

一阶线性齐次方程的一般式：$\frac{dy}{dx} + P(x)y = 0$.

其通解为：对上式分离变量得 $\frac{dy}{y} = -P(x)dx$，两边积分得

$$\ln|y| = -\int P(x)dx + \ln C_1 \text{ 或 } y = Ce^{-\int P(x)dx} \ (C = \pm C_1).$$

4. 一阶线性非齐次方程

一阶线性非齐次方程的一般式：$\frac{dy}{dx} + P(x)y = Q(x)$.

其通解为 $y = e^{-\int P(x)dx}(\int Q(x)e^{\int P(x)dx}dx + C)$.

上式可以改成两项之和：

$$y = Ce^{-\int P(x)dx} + e^{-\int P(x)dx}\int Q(x)e^{\int P(x)dx}dx.$$

此式的第一项就是对应的齐次线性微分方程的通解，第二项是非齐次线性微分方程的特解.

【例 2】 求方程 $\frac{dy}{dx} - \frac{3}{x}y = x^3 \cos x$ 的通解.

解：这是一阶非齐次线性微分方程，按照它的一般形式，其中 $P(x) = -\frac{3}{x}$，$Q(x) = x^3 \cos x$，使用通解公式，得

$$y = e^{-\int -\frac{3}{x}dx}(\int x^3 \cos x e^{\int -\frac{3}{x}dx}dx + C)$$

$$= x^3(\int x^3 \cos x \cdot \frac{1}{x^3}dx + C)$$

$$= x^3(\int \cos x dx + C)$$

$$= x^3(\sin x + C).$$

第二节　二阶线性齐次微分方程

课前思考

1. 什么是二阶线性齐次微分方程？
2. 什么是二阶微分方程的一般形式？
3. 二阶微分方程如何求解？

4.什么是特征方程？

考点与要求

考 点	要 求
二阶线性齐次微分方程的基本概念	了解
二阶线性齐次微分方程的一般形式	了解
二阶线性齐次微分方程求解	掌握
特征方程求特征根	掌握

考点透析

一、二阶线性齐次微分方程的一般形式

二阶线性齐次微分方程的一般形式为

$$y'' + py' + qy = 0,$$

其中 p，q 是常数，其特征方程为

$$r^2 + pr + q = 0.$$

特征方程是二次方程，它的两个根 r_1，r_2 可由下面公式求出

$$r = \frac{-p \pm \sqrt{p^2 - 4q}}{2},$$

特征方程的根的判别式为

$$\Delta = p^2 - 4q.$$

二、二阶线性齐次微分方程的求解（特征根的讨论）

1. 当 $\Delta = p^2 - 4q > 0$ 时

特征方程有两个不同的实根 r_1，r_2：

$$r_1 = \frac{-p + \sqrt{p^2 - 4q}}{2}, \quad r_2 = \frac{-p - \sqrt{p^2 - 4q}}{2},$$

此时微分方程的通解为

$$y = C_1 e^{r_1 x} + C_2 e^{r_2 x}.$$

2. 当 $\Delta = p^2 - 4q = 0$ 时

特征方程有两个相同的实根

$$r_1 = r_2 = -\frac{p}{2},$$

此时微分方程的通解为

$$y = (C_1 + C_2 x) e^{r_1 x}.$$

3. 当 $\Delta = p^2 - 4q < 0$ 时

特征方程有一对共轭复根 r_1，$r_2 = \alpha \pm \beta i (\beta \neq 0)$：

$$r_1 = \frac{-p + i\sqrt{p^2 - 4q}}{2}, \quad r_2 = \frac{-p - i\sqrt{p^2 - 4q}}{2},$$

此时微分方程的通解为

$$y = e^{\alpha x}(C_1 \cos \beta x + C_2 \sin \beta x),$$

其中 C_1，C_2 为任意常数.

【例】求下列微分方程的通解.

（1）$y'' - 4y = 0$；（2）$y'' + 4y' + 4y = 0$；（3）$y'' + 4y' + 13y = 0$.

解：（1）特征方程为

$$r^2 - 4 = 0,$$

特征根为

$$r_1 = 2 \text{ 和 } r_2 = -2,$$

通解为

$$y = C_1 e^{2x} + C_2 e^{-2x}.$$

（2）特征方程为

$$r^2 + 4r + 4 = 0,$$

特征根为

$$r_1 = r_2 = -2,$$

通解为

$$y = (C_1 + C_2 x)e^{-2x}.$$

（3）特征方程为

$$r^2 + 4r + 13 = 0,$$

特征根为

$$r_1, r_2 = -2 \pm 3i,$$

通解为

$$y = e^{-2x}(C_1 \cos 3x + C_2 \sin 3x).$$

本章练习

一、填空题

1. $\dfrac{dy}{dx} - 2y = 0$ 的通解是_____.

2. $e^{-x}dy = ydx$ 的通解是_____.

3. $\sin x dx = \cos y dy$ 的通解是_____.

4. $\dfrac{dy}{dx} = -\dfrac{y}{x}$ 的通解是_____.

5. $y'' - 3y' - 10y = 0$ 的通解是_____.

6. $9y'' + 6y' + y = 0$ 的通解是_____.

7. $y'' + y = 0$ 的通解是_____.

二、计算题

8. 已知 $(x^2 - 1)dy + (2xy - \cos x)dx = 0$，$y\big|_{x=0} = 1$，求微分方程的特解.

9. 已知 $yy' = 3xy^2 - x$，$y\big|_{x=0} = 1$，求微分方程的特解.

10. 已知 $4y'' + 4y' + y = 0$，$y\big|_{x=0} = 2$，$y'\big|_{x=0} = 0$，求微分方程的特解.

11. 求微分方程 $y'' - 2y' + 10y = 0$ 满足初始条件 $y\big|_{x=0} = 0$，$y'\big|_{x=0} = 3$ 的特解.

12. 求微分方程 $y''-4y'+13y=0$ 满足初始条件 $y|_{x=0}=1$，$y'|_{x=0}=8$ 的特解.

13. 求微分方程 $y''-2y'+(1-k)y=0$（其中常数 $k \geq 0$）的通解.

14. 求微分方程 $(1+x^2)dy-(x-x\sin^2 y)dx=0$ 满足初始条件 $y|_{x=0}=0$ 的特解.

15. 求微分方程 $y''+2y'+5y=0$ 满足初始条件 $y|_{x=0}=2$，$y'|_{x=0}=0$ 的特解.

答案解析

一、填空题

1. 答案：$y=Ce^{2x}$.

解析：$\dfrac{dy}{dx}-2y=0 \Rightarrow \dfrac{1}{y}dy=2dx \Rightarrow \ln y=2x+C \Rightarrow y=e^{2x+C}=Ce^{2x}$.

2. 答案：$y=Ce^{e^x}$.

解析：$e^{-x}dy=ydx \Rightarrow \dfrac{1}{y}dy=\dfrac{1}{e^{-x}}dx \Rightarrow \ln y=e^x+C \Rightarrow y=e^{e^x+C} \Rightarrow y=Ce^{e^x}$.

3. 答案：$\cos x+\sin y=C$.

解析：$\sin xdx=\cos ydy \Rightarrow -\cos x=\sin y+C \Rightarrow \cos x+\sin y=C$.

4. 答案：$y=\dfrac{C}{x}$.

解析：$\dfrac{dy}{dx}=-\dfrac{y}{x} \Rightarrow \dfrac{1}{y}dy=-\dfrac{1}{x}dx \Rightarrow \ln y=-\ln x+C \Rightarrow \ln y=\ln x^{-1}+C \Rightarrow y=\dfrac{C}{x}$.

5. 答案：$y = C_1 e^{5x} + C_2 e^{-2x}$.

解析：由题意可知特征方程为 $r^2 - 3r - 10 = 0$，解得 $r_1 = 5$，$r_2 = -2$，故方程的通解为 $y = C_1 e^{5x} + C_2 e^{-2x}$.

6. 答案：$y = (C_1 + C_2)e^{-\frac{1}{3}x}$.

解析：由题意可知特征方程为 $9r^2 + 6r + 1 = 0$，解得 $r_1 = r_2 = -\frac{1}{3}$，故方程的通解为 $y = (C_1 + C_2)e^{-\frac{1}{3}x}$.

7. 答案：$y = C_1 \cos x + C_2 \sin x$.

解析：由题意可知特征方程为 $r^2 + 1 = 0$，解得 $r_1 = i$，$r_2 = -i$，故方程的通解为 $y = C_1 \cos x + C_2 \sin x$.

二、计算题

8. 解：$(x^2 - 1)\mathrm{d}y + (2xy - \cos x)\mathrm{d}x = 0 \Rightarrow \dfrac{\mathrm{d}y}{\mathrm{d}x} + \dfrac{2x}{x^2 - 1}y = \dfrac{\cos x}{x^2 - 1}$，

则有 $P(x) = \dfrac{2x}{x^2 - 1}$，$Q(x) = \dfrac{\cos x}{x^2 - 1}$，所以方程的通解为

$$y = e^{-\int P(x)\mathrm{d}x}[\int Q(x) e^{\int P(x)\mathrm{d}x}\mathrm{d}x + C] = e^{-\int \frac{2x}{x^2-1}\mathrm{d}x}(\int \dfrac{\cos x}{x^2-1} e^{\int \frac{2x}{x^2-1}\mathrm{d}x}\mathrm{d}x + C)$$

$$= \dfrac{1}{x^2 - 1}[\int \dfrac{\cos x}{x^2 - 1} \cdot (x^2 - 1)\mathrm{d}x + C]$$

$$= \dfrac{\sin x + C}{x^2 - 1},$$

又由 $y|_{x=0} = 1$ 得 $C = -1$，所以方程的特解为 $y = \dfrac{\sin x - 1}{x^2 - 1}$.

9. 解：$y\dfrac{\mathrm{d}y}{\mathrm{d}x} = 3xy^2 - x \Rightarrow \dfrac{\mathrm{d}y}{\mathrm{d}x} = 3xy - \dfrac{y}{x} = x(\dfrac{3y^2 - 1}{y})$，

得出 $\dfrac{y}{3y^2 - 1}\mathrm{d}y = x\mathrm{d}x \Rightarrow \int \dfrac{y}{3y^2 - 1}\mathrm{d}y = \int x\mathrm{d}x$

$\Rightarrow \dfrac{1}{6}\ln(3y^2 - 1) = \dfrac{1}{2}x^2 + C \Rightarrow \ln(3y^2 - 1) = 3x^2 + C$，

则通解为 $3y^2 - 1 = Ce^{3x^2}$，又 $x = 0$，$y = 1$，解得 $C = 2$，

故所求特解为 $3y^2 - 1 = 2e^{3x^2}$.

10. 解：由题意知特征方程为 $4r^2 + 4r + 1 = 0$，解得 $r_1 = r_2 = -\dfrac{1}{2}$，

则方程的通解为 $y = (C_1 + C_2)e^{-\frac{1}{2}x}$，则 $y' = C_2 e^{-\frac{x}{2}} - \dfrac{1}{2}(C_1 + C_2 x)e^{-\frac{x}{2}}$，

又因为 $y|_{x=0} = 2$，$y'|_{x=0} = 0$，则有 $\begin{cases} C_1 = 2 \\ C_2 - \dfrac{1}{2}C_1 = 0 \end{cases}$，

解得 $\begin{cases} C_1 = 2 \\ C_2 = 1 \end{cases}$，故特解为 $y = (2 + x)e^{-\frac{x}{2}}$.

11. 解：由微分方程的特征方程 $r^2 - 2r + 10 = 0$ 解得 $r = 1 \pm 3i$，

所以此微分方程的通解为 $y = e^x(C_1\cos 3x + C_2\sin 3x)$，

又由 $y|_{x=0} = 0$ 得 $C_1 = 0$，因此有 $y = C_2 e^x \sin 3x$， $y' = C_2(e^x \sin 3x + 3e^x \cos 3x)$，

由 $y'|_{x=0} = 3$ 得 $C_2 = 1$，故所求特解为 $y = e^x \sin 3x$.

12. 解：由微分方程的特征方程 $r^2 - 4r + 13 = 0$ 解得 $r = 2 \pm 3i$，

所以此微分方程的通解为 $y = e^{2x}(C_1\cos 3x + C_2\sin 3x)$，

因为 $y' = 2e^{2x}(C_1\cos 3x + C_2\sin 3x) + e^{2x}(-3C_1\sin 3x + 3C_2\cos 3x)$，

又由 $y|_{x=0} = C_1 = 1$ 及 $y'|_{x=0} = 2C_1 + 3C_2 = 8$，解得 $C_1 = 1$，$C_2 = 2$，

故所求特解为 $y = e^{2x}(\cos 3x + 2\sin 3x)$.

13. 解：由微分方程的特征方程 $r^2 - 2r + (1-k) = 0$ 解得 $r = 1 \pm \sqrt{k}$，

当 $k = 0$ 时，方程有唯一的实根 1，通解为 $y = (C_1 + C_2 x)e^x$，

当 $k > 0$ 时，方程有两个不等的实根 $r_1 = 1 + \sqrt{k}$ 和 $r_2 = 1 - \sqrt{k}$，

此时通解为 $y = C_1 e^{(1+\sqrt{k})x} + C_2 e^{(1-\sqrt{k})x}$.

14. 解：原方程 $(1+x^2)dy - (x - x\sin^2 y)dx = 0$ 可变为 $\dfrac{dy}{1-\sin^2 y} = \dfrac{x}{1+x^2}dx$，

两边同时积分得 $\int \dfrac{dy}{\cos^2 y} = \int \dfrac{x}{1+x^2}dx$，即 $\tan y = \dfrac{1}{2}\ln(1+x^2) + C$，

将 $y|_{x=0} = 0$ 代入，得 $C = 0$，所以原方程的特解为 $\tan y = \dfrac{1}{2}\ln(1+x^2)$.

15. 解：微分方程的特征方程为 $r^2 + 2r + 5 = 0$，解得 $r = -1 \pm 2i$，

因此微分方程的通解为 $y = e^{-x}(C_1\cos 2x + C_2\sin 2x)$，

则 $y' = -e^{-x}(C_1\cos 2x + C_2\sin 2x) + e^{-x}(-2C_1\sin 2x + 2C_2\cos 2x)$，

又 $y|_{x=0} = C_1 = 2$，$y'|_{x=0} = -C_1 + 2C_2 = 0$，解得 $C_1 = 2$，$C_2 = 1$，

故微分方程的特解为 $y = e^{-x}(2\cos 2x + \sin 2x)$.

第七章　多元函数微分法及其应用

考点梳理

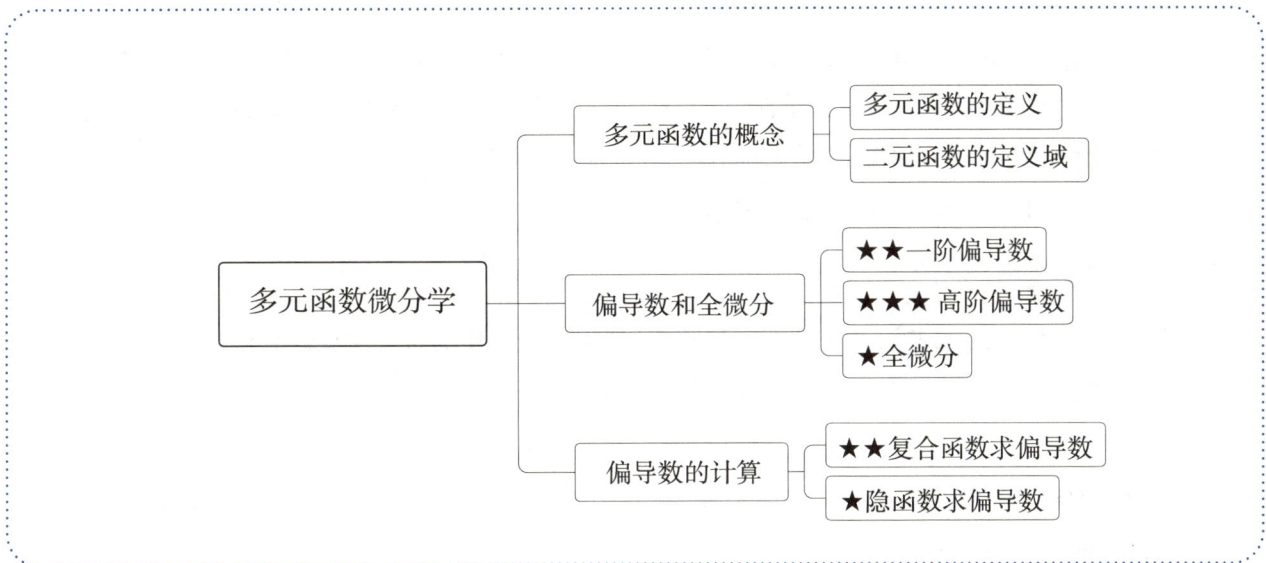

课前思考

1. 什么是多元函数?
2. 什么是偏导数?
3. 什么是全微分?
4. 如何求偏导数和全微分?

考点与要求

考　点	要　求
多元函数的概念	了解
一阶偏导数，高阶偏导数	掌握
多元函数全微分	会求
复合函数和隐函数的偏导数	会求

考点透析

一、多元函数的概念

1. 多元函数的引入

首先，我们知道 $y=4x+1$，$y=2x^2$ 中的变量 y 都随着变量 x 变化而变化，我们说它们是函数，x 是自变量，y 是因变量．因为这两个函数中的自变量都只有一个 x，所以从现在开始，我们称这两个函数为"一元函数"．

下面，在面与曲面方程中，比如：平面 $3x-4y+z-9=0$，也可变为 $z=-3x+4y+9$；还有曲面方程 $z=3x^2+2y^2$，用函数的观点看，这两个表达式中变量 z 都随着变量 x 和 y 变化而变化，x 和 y 是自变量，z 是因变量，因为这两个函数中的自变量都有 x 和 y，所以我们称这两个函数为"二元函数"．

类似地，有三个自变量的函数称为三元函数，等等，有 n 个自变量的函数称为 n 元函数．

一般当 $n \geq 2$ 时，n 元函数统称为多元函数．

2. 二元函数的定义

定义：设平面点集 $D \subseteq \mathbf{R}^2$，如果有对应法则 f，使得对于 D 中的每一个点 $P(x,y)$，总有唯一的实数 $z \in \mathbf{R}$ 与之对应，则称 f 是定义在 D 上的二元函数，记作

$$f:D \to \mathbf{R}, \quad P(x,y) \to z,$$

其中 x，y 称为自变量，z 称为因变量，D 为函数的定义域，点 $P(x,y) \in D$ 所对应的 z 值称为函数 f 在点 P 处的函数值，记为 $z=f(x,y)$．

两个基本要素：定义域与对应法则．和一元函数相类似，多元函数的对应法则由解析式确定；在一般地讨论用算式表达的多元函数时，就以使这个算式有意义的变量的值所组成的点集作这个多元函数的自然定义域．

二、偏导数与全微分

1. 一阶偏导数

以二元函数 $z=f(x,y)$ 为例，如果只让自变量 x 变化，而自变量 y 固定，这时 z 就只是 x 的一元函数，该函数关于 x 的导数，就称为二元函数 z 对于 x 的偏导数，定义如下：

设函数 $z=f(x,y)$ 在点 (x_0,y_0) 的某邻域内有定义，当 y 固定在 y_0，而 x 在 x_0 处有增量 Δx，相应地函数有增量

$$f(x_0+\Delta x,y_0)-f(x_0,y_0),$$

如果极限

$$\lim_{\Delta x \to 0} \frac{f(x_0+\Delta x,y_0)-f(x_0,y_0)}{\Delta x}$$

存在，则称此极限值为函数 $z=f(x,y)$ 在点 (x_0,y_0) 处对 x 的偏导数，记作

$$\left.\frac{\partial z}{\partial x}\right|_{\substack{x=x_0 \\ y=y_0}}, \quad \left.\frac{\partial f}{\partial x}\right|_{\substack{x=x_0 \\ y=y_0}}, \quad z_x(x_0,y_0) \text{ 或 } f_x(x_0,y_0),$$

即
$$f_x(x_0, y_0) = \lim_{\Delta x \to 0} \frac{f(x_0 + \Delta x, y_0) - f(x_0, y_0)}{\Delta x}.$$

类似地，当 x 固定在 x_0，而 y 在 y_0 处有增量 Δy 时，如果极限

$$\lim_{\Delta y \to 0} \frac{f(x_0, y_0 + \Delta y) - f(x_0, y_0)}{\Delta y}$$

存在，则称此极限值为函数 $z = f(x, y)$ 在点 (x_0, y_0) 处对 y 的偏导数，记作

$$\left.\frac{\partial z}{\partial y}\right|_{\substack{x=x_0 \\ y=y_0}},\quad \left.\frac{\partial f}{\partial y}\right|_{\substack{x=x_0 \\ y=y_0}},\quad z_y(x_0, y_0) \text{ 或 } f_y(x_0, y_0),$$

即

$$f_y(x_0, y_0) = \lim_{\Delta y \to 0} \frac{f(x_0, y_0 + \Delta y) - f(x_0, y_0)}{\Delta y}.$$

2. 偏导数的计算方法

由偏导数的定义可知，求多元函数对某一自变量的偏导数，只需把其他的自变量看作常数，而把函数当成该自变量的一元函数来求导便可．所以一元函数的导数公式和运算法则对多元函数的偏导数仍然适用．

偏导数的记号是一个整体记号，不能看作是分子与分母之商，这与一元函数 $y = f(x)$ 的导数 $\dfrac{dy}{dx}$ 可以看作函数的微分 dy 与自变量微分 dx 之商有着根本区别．

【例1】（1）求 $z = x^y$ 的一阶偏导数；

（2）求 $z = f(x, y) = x^2 + 3xy + y^2$ 在点 $(1, 2)$ 处的一阶偏导数．

解：（1）把 y 看作常数，对 x 求导，得 $f_x(x, y) = yx^{y-1}$；

把 x 看作常数，对 y 求导，得 $f_y(x, y) = x^y \ln x$．

（2）把 y 看作常数，对 x 求导，得 $f_x(x, y) = 2x + 3y$；

把 x 看作常数，对 y 求导，得 $f_y(x, y) = 3x + 2y$，

所求点处的偏导数分别为 $f_x(1, 2) = 2 + 6 = 8$，$f_y(1, 2) = 3 + 4 = 7$．

3. 高阶偏导数

设二元函数 $z = f(x, y)$ 在区域 D 内有偏导数：

$$\frac{\partial z}{\partial x} = f_x(x, y),\quad \frac{\partial z}{\partial y} = f_y(x, y),$$

则这两个偏导数在区域 D 内一般仍是 x，y 的函数．如果这两个函数的偏导数也存在，则称它们为函数 $z = f(x, y)$ 的二阶偏导数．按照对各个自变量求偏导数次序的不同，可以有以下四个二阶偏导数．

对 x 的二阶偏导数

$$f_{xx}(x, y) = \frac{\partial}{\partial x}\left(\frac{\partial z}{\partial x}\right) = \frac{\partial^2 z}{\partial x^2},$$

先对 x 后对 y 的二阶偏导数

$$f_{xy}(x,y) = \frac{\partial}{\partial y}\left(\frac{\partial z}{\partial x}\right) = \frac{\partial^2 z}{\partial x \partial y},$$

先对 y 后对 x 的二阶偏导数

$$f_{yx}(x,y) = \frac{\partial}{\partial x}\left(\frac{\partial z}{\partial y}\right) = \frac{\partial^2 z}{\partial y \partial x},$$

对 y 的二阶偏导数

$$f_{yy}(x,y) = \frac{\partial}{\partial y}\left(\frac{\partial z}{\partial y}\right) = \frac{\partial^2 z}{\partial y^2}.$$

其中 $\dfrac{\partial^2 z}{\partial x \partial y}$ 与 $\dfrac{\partial^2 z}{\partial y \partial x}$ 称为混合偏导数.

类似地，可以定义三阶、四阶乃至更高阶的偏导数.二阶及二阶以上的偏导数统称为高阶偏导数.例如，三阶偏导数

$$f_{yyx}(x,y) = \frac{\partial}{\partial x}\left(\frac{\partial^2 z}{\partial y^2}\right) = \frac{\partial^3 f}{\partial y^2 \partial x}.$$

定理 1：如果函数 $z = f(x,y)$ 的两个二阶混合偏导数 $\dfrac{\partial^2 z}{\partial x \partial y}$ 与 $\dfrac{\partial^2 z}{\partial y \partial x}$ 在区域 D 内连续，则在该区域内这两个二阶混合偏导数必相等，即有

$$\frac{\partial^2 z}{\partial x \partial y} = \frac{\partial^2 z}{\partial y \partial x}.$$

4. 多元函数的全微分

对于二元函数 $z = f(x,y)$，设 f 在点 $P_0(x_0, y_0)$ 的某邻域内有定义，$P(x_0+\Delta x, y_0+\Delta y)$ 为该邻域内任一点，我们称

$$\Delta z = f(x_0+\Delta x, y_0+\Delta y) - f(x_0, y_0)$$

为函数 f 在点 $P_0(x_0, y_0)$ 对应于自变量 Δx，Δy 的全增量.一般来说，全增量 Δz 是关于 Δx，Δy 的一个复杂关系式.如同一元函数中一样，我们也用一个关于 Δx，Δy 的线性函数来近似地表示全增量，引入如下定义.

定义：如果函数 $z = f(x,y)$ 在点 $P_0(x_0, y_0)$ 的全增量

$$\Delta z = f(x_0+\Delta x, y_0+\Delta y) - f(x_0, y_0)$$

可表示为

$$\Delta z = A\Delta x + B\Delta y + o(\rho),$$

其中 A，B 只与点 $P_0(x_0, y_0)$ 有关，而与 Δx，Δy 无关.又 $\rho = \sqrt{(\Delta x)^2 + (\Delta y)^2}$，$o(\rho)$ 是当 $\rho \to 0$ 时 ρ 的高阶无穷小，则称函数 $z = f(x,y)$ 在点 $P_0(x_0, y_0)$ 可微分，且把 Δz 的线性主部 $A\Delta x + B\Delta y$ 称为函数 $z = f(x,y)$ 在点 $P_0(x_0, y_0)$ 的全微分，记作

$$\mathrm{d}z\bigg|_{\substack{x=x_0 \\ y=y_0}} = A\Delta x + B\Delta y \quad 或 \quad \mathrm{d}f(x_0, y_0) = A\Delta x + B\Delta y.$$

如果函数 $z = f(x,y)$ 在区域 D 内每一点都可微，则称这函数在 D 内可微.

5. 全微分存在的条件

定理2（可微分的必要条件）：若函数 $z=f(x,y)$ 在点 $P_0(x_0,y_0)$ 可微，则它在点 $P_0(x_0,y_0)$ 必连续，并且该函数在点 $P_0(x_0,y_0)$ 的全微分为

$$\mathrm{d}z\big|_{(x_0,y_0)} = \frac{\partial z}{\partial x}\bigg|_{(x_0,y_0)} \cdot \Delta x + \frac{\partial z}{\partial y}\bigg|_{(x_0,y_0)} \cdot \Delta y.$$

定理3（可微分的充分条件）：如果函数 $z=f(x,y)$ 在点 (x_0,y_0) 的某邻域内的偏导数 $f_x(x,y)$，$f_y(x,y)$ 存在，且偏导数 $f_x(x,y)$，$f_y(x,y)$ 在点 (x_0,y_0) 连续，则函数在点 (x_0,y_0) 可微.

三、偏导数的计算

1. 复合函数的偏导数

（1）复合函数的中间变量均为一元函数的情形.

定理4：如果函数 $u=\varphi(t)$ 及 $v=\psi(t)$ 都在点 t 可导，函数 $z=f(u,v)$ 在对应点 (u,v) 具有连续偏导数，则复合函数 $f[\varphi(t),\psi(t)]$ 在点 t 可导，且有

$$\frac{\mathrm{d}z}{\mathrm{d}t} = \frac{\partial z}{\partial u} \cdot \frac{\mathrm{d}u}{\mathrm{d}t} + \frac{\partial z}{\partial v} \cdot \frac{\mathrm{d}v}{\mathrm{d}t}.$$

（2）复合函数的中间变量均为多元函数的情形.

定理5：如果函数 $u=\varphi(x,y)$，$v=\psi(x,y)$ 都在点 (x,y) 具有对 x 及 y 的偏导数，函数 $z=f(u,v)$ 在对应点 (u,v) 具有连续偏导数，则复合函数 $z=f[\varphi(x,y),\psi(x,y)]$ 在点 (x,y) 的两个偏导数存在，且有

$$\frac{\partial z}{\partial x} = \frac{\partial z}{\partial u} \cdot \frac{\partial u}{\partial x} + \frac{\partial z}{\partial v} \cdot \frac{\partial v}{\partial x}, \quad \frac{\partial z}{\partial y} = \frac{\partial z}{\partial u} \cdot \frac{\partial u}{\partial y} + \frac{\partial z}{\partial v} \cdot \frac{\partial v}{\partial y}.$$

推广：设 $z=f(u,v,w)$，$u=\varphi(x,y)$，$v=\psi(x,y)$，$w=\omega(x,y)$，则有

$$\frac{\partial z}{\partial x} = \frac{\partial z}{\partial u} \cdot \frac{\partial u}{\partial x} + \frac{\partial z}{\partial v} \cdot \frac{\partial v}{\partial x} + \frac{\partial z}{\partial w} \cdot \frac{\partial w}{\partial x}, \quad \frac{\partial z}{\partial y} = \frac{\partial z}{\partial u} \cdot \frac{\partial u}{\partial y} + \frac{\partial z}{\partial v} \cdot \frac{\partial v}{\partial y} + \frac{\partial z}{\partial w} \cdot \frac{\partial w}{\partial y}.$$

上式也称为链式法则.

（3）复合函数的中间变量既有一元函数，又有多元函数的情形.

定理6：如果函数 $u=\varphi(x,y)$ 在点 (x,y) 具有对 x 及 y 的偏导数，函数 $v=\psi(y)$ 在点 y 可导，函数 $z=f(u,v)$ 在对应点 (u,v) 具有连续偏导数，则复合函数 $z=f[\varphi(x,y),\psi(y)]$ 在点 (x,y) 的两个偏导数存在，且有

$$\frac{\partial z}{\partial x} = \frac{\partial z}{\partial u} \cdot \frac{\partial u}{\partial x}, \quad \frac{\partial z}{\partial y} = \frac{\partial z}{\partial u} \cdot \frac{\partial u}{\partial y} + \frac{\partial z}{\partial v} \cdot \frac{\mathrm{d}v}{\mathrm{d}y}.$$

2. 隐函数的偏导数

定理7（隐函数存在定理）：如果二元函数 $F(x,y)$ 满足：

（1）$F(x_0,y_0)=0$；

（2）在点 (x_0,y_0) 的某邻域内有连续的偏导数；

（3）$F_y(x_0,y_0) \neq 0$，

则方程 $F(x,y)=0$ 在 x_0 的某一邻域内唯一确定一个具有连续导数的函数 $y=f(x)$，它满足 $y_0=f(x_0)$ 及 $F[x,f(x)]=0$，并且

$$\frac{dy}{dx}=-\frac{F_x}{F_y}.$$

隐函数的求导方法可推广到多个变量的情形．如果函数 $F(x,y,z)$ 满足：

（1）$F(x_0,y_0,z_0)=0$；

（2）在点 (x_0,y_0,z_0) 的某邻域内有连续的偏导数；

（3）$F_z(x_0,y_0,z_0)\neq 0$，

则方程 $F(x_0,y_0,z_0)=0$ 在 x_0 的某一邻域内唯一确定一个具有连续导数的函数 $z=f(x,y)$，它满足 $z_0=f(x_0,y_0)$ 及 $F[x,y,f(x,y)]=0$，并且

$$\frac{\partial z}{\partial x}=-\frac{F_x}{F_z},\quad \frac{\partial z}{\partial y}=-\frac{F_y}{F_z}.$$

【例2】 求函数 $z=\ln(x^2+y^2)$ 的二阶偏导数．

解：因为

$$\frac{\partial z}{\partial x}=\frac{2x}{x^2+y^2},\quad \frac{\partial z}{\partial y}=\frac{2y}{x^2+y^2},$$

所以

$$\frac{\partial^2 z}{\partial x^2}=\frac{\partial}{\partial x}\left(\frac{2x}{x^2+y^2}\right)=\frac{2(y^2-x^2)}{(x^2+y^2)^2},$$

$$\frac{\partial^2 z}{\partial x\partial y}=\frac{\partial}{\partial y}\left(\frac{2x}{x^2+y^2}\right)=\frac{-4xy}{(x^2+y^2)^2},$$

$$\frac{\partial^2 z}{\partial y\partial x}=\frac{\partial}{\partial x}\left(\frac{2y}{x^2+y^2}\right)=\frac{-4xy}{(x^2+y^2)^2},$$

$$\frac{\partial^2 z}{\partial y^2}=\frac{\partial}{\partial y}\left(\frac{2y}{x^2+y^2}\right)=\frac{2(x^2-y^2)}{(x^2+y^2)^2}.$$

【例3】 设 $z=xe^{xy}+y$，求 $dz\big|_{(1,1)}$．

解：因为偏导数 $\dfrac{\partial z}{\partial x}=e^{xy}(1+xy)$，$\dfrac{\partial z}{\partial y}=x^2e^{xy}+1$ 在全平面连续，所以函数 z 在任意点可微，

且 $dz=e^{xy}(1+xy)dx+(x^2e^{xy}+1)dy$，

特别地，在点 $(1,1)$ 的全微分等于 $dz\big|_{(1,1)}=2e\,dx+(e+1)dy$．

【例4】 求函数 $z=(x^2+y^2)e^{\frac{x^2+y^2}{xy}}$ 的一阶偏导数．

解：令 $u=x^2+y^2$，$v=xy$，则 $z=ue^{\frac{u}{v}}$．应用公式，有

$$\frac{\partial z}{\partial x}=\frac{\partial z}{\partial u}\cdot\frac{\partial u}{\partial x}+\frac{\partial z}{\partial v}\cdot\frac{\partial v}{\partial x}$$

$$= 2x(e^{\frac{u}{v}} + \frac{u}{v}e^{\frac{u}{v}}) + y(-\frac{u^2}{v^2}e^{\frac{u}{v}})$$

$$= e^{\frac{u}{v}}\left[2x(1+\frac{u}{v}) - y\frac{u^2}{v^2}\right]$$

$$= \frac{x^4 - y^4 + 2x^3 y}{x^2 y} e^{\frac{x^2+y^2}{xy}},$$

$$\frac{\partial z}{\partial y} = \frac{\partial z}{\partial u} \cdot \frac{\partial u}{\partial y} + \frac{\partial z}{\partial v} \cdot \frac{\partial v}{\partial y}$$

$$= 2y(e^{\frac{u}{v}} + \frac{u}{v}e^{\frac{u}{v}}) + x(-\frac{u^2}{v^2}e^{\frac{u}{v}})$$

$$= e^{\frac{u}{v}}\left[2y(1+\frac{u}{v}) - x\frac{u^2}{v^2}\right]$$

$$= \frac{x^4 - y^4 + 2xy^3}{xy^2} e^{\frac{x^2+y^2}{xy}}.$$

【例 5】 设方程 $e^z - xyz = 0$ 确定了 z 是 x，y 的隐函数，求 $\dfrac{\partial z}{\partial x}$，$\dfrac{\partial z}{\partial y}$ 和 $\dfrac{\partial^2 z}{\partial x \partial y}$.

解：令 $F(x, y, z) = e^z - xyz$，则

$$F_x = -yz, \quad F_y = -xz, \quad F_z = e^z - xy,$$

故当 $e^z - xy \neq 0$ 时，有

$$\frac{\partial z}{\partial x} = -\frac{F_x}{F_z} = \frac{yz}{e^z - xy}, \quad \frac{\partial z}{\partial y} = -\frac{F_y}{F_z} = \frac{xz}{e^z - xy},$$

$$\frac{\partial^2 z}{\partial x \partial y} = \frac{\partial}{\partial y}\left(\frac{yz}{e^z - xy}\right) = \frac{(z + y\frac{\partial z}{\partial y})(e^z - xy) - yz(e^z \frac{\partial z}{\partial y} - x)}{(e^z - xy)^2},$$

将 $\dfrac{\partial z}{\partial y} = \dfrac{xz}{e^z - xy}$ 代入，并且 $e^z = xyz$，可得 $\dfrac{\partial^2 z}{\partial x \partial y} = -\dfrac{x^2 y^2 z}{(e^z - xy)^3}$.

本章练习

一、选择题

1. 设 $u = \arcsin \dfrac{x}{\sqrt{x^2 + y^2}}$ $(y < 0)$，则 $\dfrac{\partial u}{\partial x} = $ (　　).

A. $\dfrac{|x|}{x^2 + y^2}$ B. $\dfrac{-|y|}{x^2 + y^2}$ C. $\dfrac{|y|}{x^2 + y^2}$ D. $\dfrac{-|x|}{x^2 + y^2}$

2. 设 $z = x^{y^x}$，则 $\dfrac{\partial z}{\partial x} = ($ $)$.

A. $y^x x^{y^x - 1}$

B. $y^x (\ln x \ln y + \dfrac{1}{x})$

C. $y^x x^{y^x} (\ln x \ln y + \dfrac{1}{x})$

D. $y^x x^{y^x} (\ln x + \dfrac{1}{x})$

3. 设 $z = y^x$，则 $\left(\dfrac{\partial z}{\partial x} + \dfrac{\partial z}{\partial y}\right)\Big|_{(2,1)} = ($ $)$.

A. 2   B. $1 + \ln 2$ C. 0   D. 1

4. 设 $z = (1+x)^{x+y}$，则 $\dfrac{\partial z}{\partial x}\Big|_{(1,1)} = ($ $)$.

A. $1 + \ln 2$ B. $4(1 + \ln 2)$ C. 4   D. 8

5. 设 $f(x,y) = x^y e^x$，则 $f_x(1, x) = ($ $)$.

A. 0   B. e   C. $e(x+1)$ D. $1 + ex$

二、计算题

6. 设 $z = \arccos(xy)$，求 $\dfrac{\partial z}{\partial x}$ 和 $\dfrac{\partial z}{\partial y}$.

7. 设 $z = 2^{xy}$，求 $\dfrac{\partial z}{\partial x}$.

8. 设 $z = \sin(xy^2) + x$，求 $\dfrac{\partial z}{\partial x}$ 和 $\dfrac{\partial z}{\partial y}$.

9. 设 $u(x,y,z) = e^{xyz}$，求 $\dfrac{\partial u}{\partial x}\Big|_{(1,2,3)}$.

10. 设 $z = \ln(xy^2)$，求 $\dfrac{\partial z}{\partial x}$ 和 $\dfrac{\partial z}{\partial y}$.

11. 若 $z = \dfrac{x^2 + y^2}{xy}$，求 $f_{xy}(x, y)$.

12. 若 $z = x^2 y e^y$，求 $\dfrac{\partial^2 z}{\partial y^2}$.

13. 若 $z = \dfrac{\cos x^2}{y}$，求 $\dfrac{\partial^2 z}{\partial x \partial y}$.

14. 设 $z = \sin(xy) + \cos(xy)$，求 $\dfrac{\partial z}{\partial x}$ 和 $\dfrac{\partial z}{\partial y}$.

15. 设 $z = \sin(xy) + \cos(xy)$，求 $\left.\dfrac{\partial^2 z}{\partial x \partial y}\right|_{\substack{x=\frac{\pi}{4} \\ y=2}}$.

答案解析

一、选择题

1. 答案：C.

解析：$\dfrac{\partial u}{\partial x} = \dfrac{1}{\sqrt{1-\dfrac{x^2}{x^2+y^2}}} \left(\dfrac{\sqrt{x^2+y^2} - x \cdot \dfrac{1}{2}\sqrt{x^2+y^2} \cdot 2x}{x^2+y^2} \right) = \dfrac{\sqrt{x^2+y^2}}{\sqrt{y^2}} \cdot \dfrac{y^2}{(x^2+y^2)\sqrt{x^2+y^2}} = \dfrac{|y|}{x^2+y^2}$，

故选 C.

2. 答案：C.

解析：$\ln z = y^x \ln x \Rightarrow \dfrac{1}{z}\dfrac{\partial z}{\partial x} = y^x \ln x \ln y + y^x \dfrac{1}{x} \Rightarrow \dfrac{\partial z}{\partial x} = y^x x^{y^x} (\ln x \ln y + \dfrac{1}{x})$，故选 C.

3. 答案：A.

解析：$\dfrac{\partial z}{\partial x} = y^x \ln y$，$\dfrac{\partial z}{\partial y} = xy^{x-1}$，则 $\left. \left(\dfrac{\partial z}{\partial x} + \dfrac{\partial z}{\partial y} \right) \right|_{\substack{x=2 \\ y=1}} = 2 + 0 = 2$，选 A.

4. 答案：B.

解析：$\ln z = (x+y)\ln(x+1)$，$\dfrac{\partial z}{\partial x} = (1+x)^{x+y}\left[\ln(x+y) + (x+y)\dfrac{1}{1+x} \right]$，把 (1,1) 代入解得答案为 $4(1+\ln 2)$.

5. 答案：C.

解析：$f_x(x,y) = yx^{(y-1)}e^x + x^y e^x$，则 $f_x(1,x) = e(x+1)$，选 C.

二、计算题

6. 解：$\dfrac{\partial z}{\partial x} = -\dfrac{y}{\sqrt{1-(xy)^2}}$，$\dfrac{\partial z}{\partial y} = -\dfrac{x}{\sqrt{1-(xy)^2}}$.

7. 解：$\dfrac{\partial z}{\partial x} = y2^{xy}\ln 2$.

8. 解：$\dfrac{\partial z}{\partial x} = \cos(xy^2) \cdot y^2 + 1$，$\dfrac{\partial z}{\partial y} = \cos(xy^2) \cdot 2xy$.

9. 解：$\dfrac{\partial u}{\partial x} = yze^{xyz}$，则 $\left. \dfrac{\partial u}{\partial x} \right|_{(1,2,3)} = 6e^6$.

10. 解：$\dfrac{\partial z}{\partial x} = \dfrac{y^2}{xy^2} = \dfrac{1}{x}$，$\dfrac{\partial z}{\partial y} = \dfrac{2xy}{xy^2} = \dfrac{2}{y}$.

11. 解：先把 y 当成常数项，则 $f_x(x,y) = (\dfrac{x}{y} + \dfrac{y}{x})_x = (\dfrac{1}{y}x + y\dfrac{1}{x})_x = \dfrac{1}{y} - \dfrac{y}{x^2}$；再把 x 当成常数项，

得 $f_{xy}(x,y) = (\dfrac{1}{y} - \dfrac{y}{x^2})_y = -\dfrac{1}{y^2} - \dfrac{1}{x^2}$.

12. 解：把 x 当成常数项，有 $\dfrac{\partial z}{\partial y} = x^2 e^y + x^2 y e^y = x^2(e^y + ye^y)$，

$$\frac{\partial^2 z}{\partial y^2} = x^2(e^y + e^y + ye^y) = (2e^y + ye^y)x^2 = x^2 e^y(2+y).$$

13. 解：先把 y 当成常数项，有 $\dfrac{\partial z}{\partial x} = \dfrac{-2x\sin x^2}{y}$，再把 x 当成常数项，得 $\dfrac{\partial^2 z}{\partial x \partial y} = \dfrac{2x\sin x^2}{y^2}$.

14. 解：把 y 当成常数项，得 $\dfrac{\partial z}{\partial x} = y\left[\cos(xy) - \sin(xy)\right]$；把 x 当成常数项，得 $\dfrac{\partial z}{\partial y} = x\left[\cos(xy) - \sin(xy)\right]$.

15. 解：先把 y 当成常数项，有 $\dfrac{\partial z}{\partial x} = y\left[\cos(xy) - \sin(xy)\right]$，再把 x 当成常数项，

得 $\dfrac{\partial^2 z}{\partial x \partial y} = (y+1)\left[\cos(xy) - \sin(xy)\right]$，则 $\left.\dfrac{\partial^2 z}{\partial x \partial y}\right|_{\substack{x=\frac{\pi}{4} \\ y=2}} = 3(\cos\dfrac{\pi}{2} - \sin\dfrac{\pi}{2}) = -3$.

第八章　重积分

考点梳理

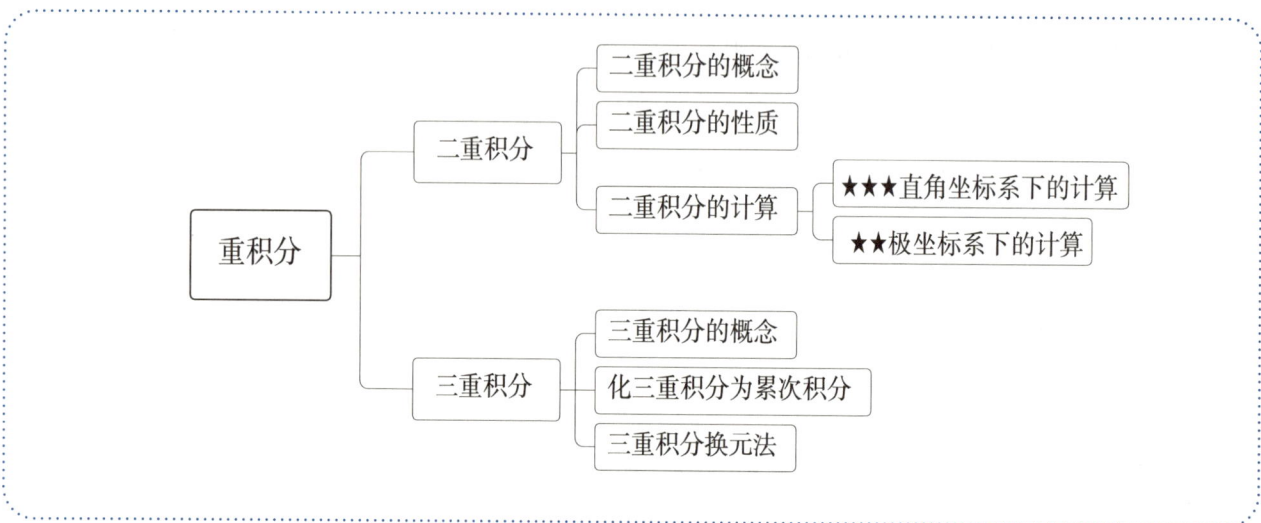

第一节　二重积分

课前思考

1. 什么是二重积分？
2. 二重积分的性质有哪些？
3. 如何在直角坐标系下求二重积分？
4. 如何在极坐标系下求二重积分？

考点与要求

考　点	要　求
二重积分的概念	了解
二重积分的性质	掌握
直角坐标系下求二重积分	掌握
极坐标系下求二重积分	掌握

考点透析

一、二重积分的概念

1. 二重积分的定义

设 $f(x,y)$ 是平面有界闭区域 D 上的有界函数，将 D 任意分成 n 个小闭区域

$$\Delta\sigma_1, \Delta\sigma_2, \cdots, \Delta\sigma_n,$$

其中 $\Delta\sigma_i$ 表示第 i 个小闭区域，也表示它的面积，在每个 $\Delta\sigma_i$ 上任取一点 (ξ_i,η_i)，作乘积 $f(\xi_i,\eta_i)\Delta\sigma_i(i=1,2,\cdots,n)$，并作和

$$\sum_{i=1}^{n} f(\xi_i,\eta_i)\Delta\sigma_i.$$

如果当各小闭区域的直径中的最大值 λ 趋于零时，这和式的极限存在，则称此极限为函数 $f(x,y)$ 在闭区域 D 上的二重积分，记作 $\iint\limits_{D} f(x,y)\mathrm{d}\sigma$，即

$$\iint\limits_{D} f(x,y)\mathrm{d}\sigma = \lim_{\lambda\to 0}\sum_{i=1}^{n} f(\xi_i,\eta_i)\Delta\sigma_i.$$

其中 $f(x,y)$ 叫做被积函数，$f(x,y)\mathrm{d}\sigma$ 叫做被积表达式，$\mathrm{d}\sigma$ 叫做面积元素，x 与 y 叫做积分变量，$\sum\limits_{i=1}^{n} f(\xi_i,\eta_i)\Delta\sigma_i$ 叫做积分和.

定理 1：设函数 $f(x,y)$ 在闭区域 D 上连续，则二重积分 $\iint\limits_{D} f(x,y)\mathrm{d}\sigma$ 存在.

2. 二重积分的几何意义

一般地，如果 $f(x,y) \geq 0$，被积函数 $f(x,y)$ 可解释为曲顶柱体的顶点在 (x,y) 处的竖坐标，这时二重积分 $\iint\limits_{D} f(x,y)\mathrm{d}\sigma$ 的几何意义就是以 D 为底，曲面 $z=f(x,y)$ 为顶的曲顶柱体的体积.

如果 $f(x,y) < 0$，二重积分的值是负的，柱体就在 xOy 面的下方，二重积分的值等于柱体的体积赋以负号.

如果 $f(x,y)$ 在 D 的若干部分区域上是正的，而在其他的部分区域上是负的，我们可把 xOy 面上方的柱体体积赋以正号，xOy 面下方的柱体体积赋以负号，那么 $f(x,y)$ 在 D 上的二重积分就等于这些区域上的柱体体积的代数和.

二、二重积分的性质

性质 1：被积函数的常数因子可以提到二重积分号的外面，即

$$\iint\limits_{D} kf(x,y)\mathrm{d}\sigma = k\iint\limits_{D} f(x,y)\mathrm{d}\sigma \;(k\text{ 为常数}).$$

性质 2：函数和（或差）的二重积分等于各个函数二重积分的和（或差），即

$$\iint\limits_{D} [f(x,y)\pm g(x,y)]\mathrm{d}\sigma = \iint\limits_{D} f(x,y)\mathrm{d}\sigma \pm \iint\limits_{D} g(x,y)\mathrm{d}\sigma.$$

性质 3：如果在 D 上，$f(x,y)=1$，σ 为 D 的面积，则

$$\sigma = \iint\limits_{D} 1 d\sigma = \iint\limits_{D} d\sigma.$$

性质 4：如果闭区域 D 被有限条曲线分为有限个部分闭区域，则在 D 上的二重积分等于在各部分区域上的二重积分的和，例如 D 被分为两个闭区域 D_1 与 D_2，则

$$\iint\limits_{D} f(x,y) d\sigma = \iint\limits_{D_1} f(x,y) d\sigma + \iint\limits_{D_2} f(x,y) d\sigma.$$

这个性质称为二重积分对于积分区域具有可加性.

性质 5：如果在 D 上，$f(x,y) \leq g(x,y)$，则有不等式

$$\iint\limits_{D} f(x,y) d\sigma \leq \iint\limits_{D} g(x,y) d\sigma.$$

特殊地，有不等式

$$\left| \iint\limits_{D} f(x,y) d\sigma \right| \leq \iint\limits_{D} |f(x,y)| d\sigma.$$

性质 6：设 M，m 分别是 $f(x,y)$ 在闭区域 D 上的最大值和最小值，σ 是 D 的面积，则有

$$m\sigma \leq \iint\limits_{D} f(x,y) d\sigma \leq M\sigma.$$

性质 7（二重积分中值定理）：设函数 $f(x,y)$ 在闭区域 D 上连续，σ 是 D 的面积，则在 D 上至少存在一点 (ξ, η)，使得下式成立：

$$\iint\limits_{D} f(x,y) d\sigma = f(\xi, \eta)\sigma.$$

三、二重积分的计算

1. 直角坐标系下计算二重积分

定理 2：设有界闭区域 D 是一个 X 型区域，即

$$D: \varphi_1(x) \leq y \leq \varphi_2(x), \quad a \leq x \leq b,$$

其中函数 $\varphi_1(x)$，$\varphi_2(x)$ 在区间 $[a,b]$ 上连续. 又设 $f(x,y)$ 在 D 上连续，则

$$\iint\limits_{D} f(x,y) d\sigma = \int_a^b \left[\int_{\varphi_1(x)}^{\varphi_2(x)} f(x,y) dy \right] dx,$$

又可以写成

$$\iint\limits_{D} f(x,y) d\sigma = \int_a^b dx \int_{\varphi_1(x)}^{\varphi_2(x)} f(x,y) dy.$$

定理 3：设有界闭区域 D 是一个 Y 型区域，即

$$D: \psi_1(y) \leq x \leq \psi_2(y), \quad c \leq y \leq d,$$

其中函数 $\psi_1(y)$，$\psi_2(y)$ 在区间 $[c,d]$ 上连续. 又设 $f(x,y)$ 在 D 上连续，则

$$\iint\limits_{D} f(x,y) d\sigma = \int_c^d \left[\int_{\psi_1(y)}^{\psi_2(y)} f(x,y) dx \right] dy,$$

又可以写成

$$\iint_D f(x,y)\mathrm{d}\sigma = \int_c^d \mathrm{d}y \int_{\psi_1(y)}^{\psi_2(y)} f(x,y)\mathrm{d}x.$$

如果积分区域既不是 X 型区域，也不是 Y 型区域，通常就将积分区域分成若干部分，使每个部分成为 X 型区域或 Y 型区域，从而在各个小区域上能够利用上述两个公式之一进行计算；然后，利用二重积分对区域的可加性，将这些小区域上的二重积分的计算结果相加，就得到在原来整个积分区域上的二重积分．

在计算二重积分时，确定二次积分的次序和积分限最为关键．一般可以先画积分区域草图，然后根据区域的类型和被积函数的特点确定二次积分的次序，再定出相应的积分限．

2. 极坐标系下计算二重积分

极坐标与直角坐标之间的关系为

$$\begin{cases} x = r\cos\theta \\ y = r\sin\theta \end{cases},$$

二重积分当变量从直角坐标变换到极坐标时，有

$$\iint_D f(x,y)\mathrm{d}\sigma = \iint_{D_{r\theta}} f(r\cos\theta, r\sin\theta) r \mathrm{d}r\mathrm{d}\theta.$$

其中，$r\mathrm{d}r\mathrm{d}\theta$ 是极坐标系中的面积元素．

在极坐标系中，二重积分同样可以化为二次积分来计算．

（1）当极点在积分区域 D 的外部时，如果

$$D = \{(r,\theta) | \alpha \leq \theta \leq \beta,\ \varphi_1(\theta) \leq r \leq \varphi_2(\theta)\},$$

其中函数 $\varphi_1(\theta)$，$\varphi_2(\theta)$ 在区间 $[\alpha,\beta]$ 上连续，则

$$\iint_D f(x,y)\mathrm{d}\sigma = \int_\alpha^\beta \left[\int_{\varphi_1(\theta)}^{\varphi_2(\theta)} f(r\cos\theta, r\sin\theta) r \mathrm{d}r \right] \mathrm{d}\theta$$

$$= \int_\alpha^\beta \mathrm{d}\theta \int_{\varphi_1(\theta)}^{\varphi_2(\theta)} f(r\cos\theta, r\sin\theta) r \mathrm{d}r.$$

（2）当极点在积分区域 D 的内部时，如果

$$D = \{(r,\theta) | 0 \leq \theta \leq 2\pi,\ 0 \leq r \leq \varphi(\theta)\},$$

其中函数 $\varphi(\theta)$ 在区间 $[0, 2\pi]$ 上连续，则

$$\iint_D f(x,y)\mathrm{d}\sigma = \int_0^{2\pi} \mathrm{d}\theta \int_0^{\varphi(\theta)} f(r\cos\theta, r\sin\theta) r \mathrm{d}r.$$

（3）当极点在积分区域 D 的边界上时，如果

$$D = \{(r,\theta) | \alpha \leq \theta \leq \beta,\ 0 \leq r \leq \varphi(\theta)\},$$

其中函数 $\varphi(\theta)$ 在区间 $[\alpha,\beta]$ 上连续，则

$$\iint_D f(x,y)\mathrm{d}\sigma = \int_\alpha^\beta \mathrm{d}\theta \int_0^{\varphi(\theta)} f(r\cos\theta, r\sin\theta) r \mathrm{d}r.$$

【例1】 交换下列积分次序.

(1) $\int_0^1 dy \int_{\sqrt{y}}^{2-y} f(x,y)dx$；

(2) $\int_0^1 dy \int_0^y f(x,y)dx$．

解：(1) $\int_0^1 dy \int_{\sqrt{y}}^{2-y} f(x,y)dx = \int_0^1 dx \int_0^{x^2} f(x,y)dy + \int_1^2 dx \int_0^{2-x} f(x,y)dy$；

(2) $\int_0^1 dy \int_0^y f(x,y)dx = \int_0^1 dx \int_x^1 f(x,y)dy$．

【例2】 计算二重积分 $\iint_D \dfrac{x^2}{y^2} d\sigma$，其中 D 是由直线 $x=2$，$y=x$ 及双曲线 $xy=1$ 围成的闭区域．

解：方法一：选择先积 y、后积 x 的次序，可以画出草图．

D 为 X 型区域，D 上的点的横坐标变动范围是区间 $[1,2]$，对于该区间内的任意一个 x 的值，相应地纵坐标从 $y=\dfrac{1}{x}$ 变化到 $y=x$，换言之，上、下边界分别都只能用一个式子表达．积分区域用不等式表示为

$$1 \leqslant x \leqslant 2, \quad \dfrac{1}{x} \leqslant y \leqslant x.$$

因此，由二重积分的计算公式得

$$\iint_D \dfrac{x^2}{y^2} d\sigma = \int_1^2 dx \int_{\frac{1}{x}}^{x} \dfrac{x^2}{y^2} dy = \int_1^2 \left(-\dfrac{x^2}{y}\right)\Bigg|_{\frac{1}{x}}^{x} dx = \int_1^2 (-x + x^3) dx = \dfrac{9}{4}.$$

方法二：选择先积 x、后积 y 的次序，可以画出草图．

D 为 Y 型区域，D 上的点的纵坐标变动范围是区间 $\left[\dfrac{1}{2}, 2\right]$，但在此范围内，$D$ 的左、右边界曲线要用 y 的分段函数表示．即，当 $y \in \left[\dfrac{1}{2}, 2\right]$ 时，横坐标从 $x = \dfrac{1}{y}$ 变化到 $x = 2$；当 $y \in [1,2]$ 时，横坐标从 $x = y$ 变化到 $x = 2$．换句话说，就是要将积分区域 D 分为两块，如果记

$$D_1: \dfrac{1}{2} \leqslant y \leqslant 1, \quad \dfrac{1}{y} \leqslant x \leqslant 2; \quad D_2: 1 \leqslant y \leqslant 2, \quad y \leqslant x \leqslant 2,$$

则 $D = D_1 + D_2$．因此，由二重积分对区域的可加性经计算可得

$$\iint_D \dfrac{x^2}{y^2} d\sigma = \iint_{D_1} \dfrac{x^2}{y^2} d\sigma + \iint_{D_2} \dfrac{x^2}{y^2} d\sigma = \int_{\frac{1}{2}}^{1} dy \int_{\frac{1}{y}}^{2} \dfrac{x^2}{y^2} dx + \int_1^2 dy \int_y^2 \dfrac{x^2}{y^2} dx = \dfrac{9}{4}.$$

从上面的例子可以看出，方法一的计算比方法二简便．对二重积分的计算，首先应考察被积函数，选择首次积分易积出的积分次序；在确保积分都能积出的前提下，再顾及积分区域，要使积分区域 D 尽量少分块，这是选择二次积分次序的一般原则．

【例3】 计算二重积分 $\iint_D x^2 d\sigma$，其中 D 是圆 $x^2 + y^2 = 1$ 及 $x^2 + y^2 = 4$ 之间的环形区域．

解：在极坐标系中，区域 D 可表示为 $D = \{(r, \theta) \mid 0 \leqslant \theta \leqslant 2\pi, \ 1 \leqslant r \leqslant 2\}$．

由极坐标下二重积分的计算公式有

$$\iint\limits_{D} x^2 \mathrm{d}\sigma = \iint\limits_{D} r^2 \cos^2\theta \cdot r \mathrm{d}r \mathrm{d}\theta = \int_0^{2\pi} \mathrm{d}\theta \int_1^2 r^2 \cos^2\theta \cdot r \mathrm{d}r = \frac{15\pi}{4}.$$

【例4】计算 $\iint\limits_{D} \mathrm{e}^{-x^2-y^2} \mathrm{d}x\mathrm{d}y$，其中 D 是由圆心在原点、半径为 a 的圆所围成的闭区域．

解：在极坐标系中，区域 D 可表示为 $D = \{(r,\theta) | 0 \le \theta \le 2\pi,\ 0 \le r \le a\}$，

由极坐标下二重积分的计算公式有

$$\iint\limits_{D} \mathrm{e}^{-x^2-y^2} \mathrm{d}x\mathrm{d}y = \iint\limits_{D} \mathrm{e}^{-r^2} \cdot r \mathrm{d}r \mathrm{d}\theta = \int_0^{2\pi} \mathrm{d}\theta \int_0^a \mathrm{e}^{-r^2} \cdot r \mathrm{d}r = 2\pi \left(-\frac{1}{2}\mathrm{e}^{-r^2}\right)\bigg|_0^a = \pi(1-\mathrm{e}^{-a^2}).$$

第二节　三重积分

课前思考

1. 什么是三重积分？
2. 三重积分的性质有哪些？

考点与要求

考　点	要　求
三重积分的概念	了解
化三重积分为累次积分	会求
三重积分换元法	会求

考点透析

一、三重积分的概念

设有一空间立体为 V，其密度函数为 $f(x,y,z)$，为了求 V 的质量，我们把 V 分割成 n 个小块 $V_1, V_2, \cdots, V_n$，在每个小块 V_i 上任取一点 (ξ_i, η_i, ζ_i)，则

$$M = \lim_{\|T\| \to 0} \sum_{i=1}^{n} f(\xi_i, \eta_i, \zeta_i) \Delta V_i,$$

其中 ΔV_i 为小块 V_i 的体积，$\|T\| = \max\limits_{1 \le i \le n}\{V_i \text{的直径}\}$．

设 $f(x,y,z)$ 为定义在三维空间可求体积的有界闭区域 V 上的有界函数，用若干光滑曲面所组成的曲面网 T 来分割 V，并把 V 分成 n 个小区域 $V_1, V_2, \cdots, V_n$，记 V_i 的体积为 $\Delta V_i (i=1,2,\cdots,n)$，$\|T\| = \max\limits_{1 \le i \le n}\{V_i \text{的直径}\}$．在每个 V_i 中任取一点 (ξ_i, η_i, ζ_i)，作积分和

$$\sum_{i=1}^{n} f(\xi_i, \eta_i, \zeta_i) \Delta V_i.$$

定义：设 $f(x,y,z)$ 为定义在三维空间可求体积的有界闭区域 V 上的有界函数，J 是一个确定的数．若对任给的一个正数 ε，总存在某一个正数 δ，使得对于 V 的任意分割 T，只要 $\|T\|<\delta$，分割域 T 的所有积分和都满足

$$\left|\sum_{i=1}^{n}f(\xi_i,\eta_i,\zeta_i)\Delta V_i-J\right|<\varepsilon,$$

则称 $f(x,y,z)$ 在 V 上可积，数 J 称为函数 $f(x,y,z)$ 在 V 上的三重积分，记作

$$J=\iiint_V f(x,y,z)\mathrm{d}V \text{ 或 } J=\iiint_V f(x,y,z)\mathrm{d}x\mathrm{d}y\mathrm{d}z,$$

其中 $f(x,y,z)$ 为被积函数，x，y，z 为积分变量，V 为积分区域．

当 $f(x,y,z)\equiv 1$ 时，$\iiint_V \mathrm{d}V$ 在几何上表示 V 的体积．

三重积分具有与二重积分相应的可积条件和有关性质，这里不一一细述．

二、化三重积分为累次积分

定理 1：若函数 $f(x,y,z)$ 在长方体 $V=[a,b]\times[c,d]\times[e,h]$ 上的三重积分存在，且对任意 $(x,y)\in[a,b]\times[c,d]$，$g(x,y)=\int_e^h f(x,y,z)\mathrm{d}z$ 存在，则积分 $\iint_D g(x,y)\mathrm{d}x\mathrm{d}y$ 也存在，且

$$\iiint_V f(x,y,z)\mathrm{d}x\mathrm{d}y\mathrm{d}z=\iint_D \mathrm{d}x\mathrm{d}y\int_e^h f(x,y,z)\mathrm{d}z.$$

推论：若 $V=\{(x,y,z)|(x,y)\in D,\ z_1(x,y)\leq z\leq z_2(x,y)\}\subset[a,b]\times[c,d]\times[e,h]$ 时，其中 D 为 V 在 xOy 平面上的投影，$z_1(x,y)$，$z_2(x,y)$ 是 D 上的连续函数，函数 $f(x,y,z)$ 在 V 上的三重积分存在，且对任意 $(x,y)\in D$，

$$G(x,y)=\int_{z_1(x,y)}^{z_2(x,y)} f(x,y,z)\mathrm{d}z$$

亦存在，则积分 $\iint_D G(x,y)\mathrm{d}x\mathrm{d}y$ 存在，且

$$\iiint_V f(x,y,z)\mathrm{d}x\mathrm{d}y\mathrm{d}z=\iint_D G(x,y)\mathrm{d}x\mathrm{d}y=\iint_D \mathrm{d}x\mathrm{d}y\int_{z_1(x,y)}^{z_2(x,y)} f(x,y,z)\mathrm{d}z.$$

【例 1】计算 $\iiint_V \dfrac{\mathrm{d}x\mathrm{d}y\mathrm{d}z}{x^2+y^2}$，其中 V 是由 $x=1$，$x=2$，$z=0$，$y=x$ 与 $z=y$ 所围成的闭区域（如下图）．

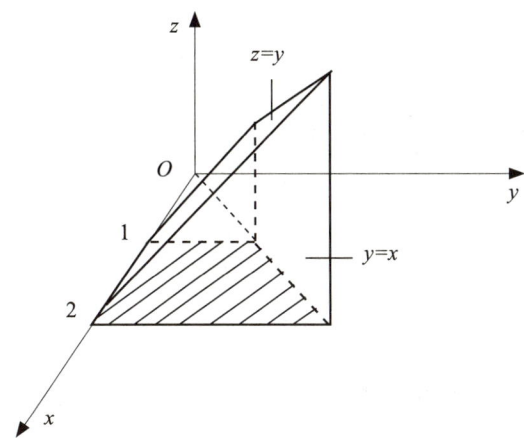

解：设 V 在 xOy 平面上的投影为 D，则 $V = \{(x,y,z) | z_1(x,y) \le z \le z_2(x,y), (x,y) \in D\}$，其中 $D = \{(x,y) | 0 \le y \le x, 1 \le x \le 2\}$ 是 X 型区域，$z_1(x,y) = 0$，$z_2(x,y) = y$，于是

$$\iiint_V \frac{\mathrm{d}x\mathrm{d}y\mathrm{d}z}{x^2+y^2} = \iint_D \mathrm{d}x\mathrm{d}y \int_0^y \frac{\mathrm{d}z}{x^2+y^2} = \iint_D \frac{y}{x^2+y^2}\mathrm{d}x\mathrm{d}y = \int_1^2 \mathrm{d}x \int_0^x \frac{y\mathrm{d}y}{x^2+y^2} = \int_1^2 \frac{1}{2}\ln(x^2+y^2)\Big|_0^x \mathrm{d}x = \int_1^2 \frac{1}{2}\ln 2\,\mathrm{d}x = \frac{1}{2}\ln 2.$$

定理 2：若函数 $f(x,y,z)$ 在长方体 $V = [a,b] \times [c,d] \times [e,h]$ 上的三重积分存在，且对任意 $x \in [a,b]$，二重积分

$$I(x) = \iint_D f(x,y,z)\mathrm{d}y\mathrm{d}z$$

存在，其中 $D = [c,d] \times [e,h]$，则积分

$$\int_a^b \mathrm{d}x \iint_D f(x,y,z)\mathrm{d}y\mathrm{d}z$$

也存在，且

$$\iiint_V f(x,y,z)\mathrm{d}x\mathrm{d}y\mathrm{d}z = \int_a^b \mathrm{d}x \iint_D f(x,y,z)\mathrm{d}y\mathrm{d}z.$$

推论：若 $V \subset [a,b] \times [c,d] \times [e,h]$，函数 $f(x,y,z)$ 在 V 上的三重积分存在，且对任意固定的 $z \in [e,h]$，积分 $\phi(z) = \iint_{D_z} f(x,y,z)\mathrm{d}x\mathrm{d}y$ 存在，其中 D_z 是截面 $\{(x,y)|(x,y,z) \in V\}$，则 $\int_e^h \phi(z)\mathrm{d}z$ 存在，且

$$\iiint_V f(x,y,z)\mathrm{d}x\mathrm{d}y\mathrm{d}z = \int_e^h \phi(z)\mathrm{d}z = \int_e^h \mathrm{d}z \iint_{D_z} f(x,y,z)\mathrm{d}x\mathrm{d}y.$$

【例 2】 求 $I = \iiint_V (\frac{x^2}{a^2} + \frac{y^2}{b^2} + \frac{z^2}{c^2})\mathrm{d}x\mathrm{d}y\mathrm{d}z$，其中 V 区域为 $\frac{x^2}{a^2} + \frac{y^2}{b^2} + \frac{z^2}{c^2} \le 1$.

解：由于 $I = \iiint_V \frac{x^2}{a^2}\mathrm{d}x\mathrm{d}y\mathrm{d}z + \iiint_V \frac{y^2}{b^2}\mathrm{d}x\mathrm{d}y\mathrm{d}z + \iiint_V \frac{z^2}{c^2}\mathrm{d}x\mathrm{d}y\mathrm{d}z$，

其中 $\iiint_V \frac{x^2}{a^2}\mathrm{d}x\mathrm{d}y\mathrm{d}z = \int_{-a}^a \frac{x^2}{a^2}\mathrm{d}x \iint_{V_x} \mathrm{d}y\mathrm{d}z$，这里 V_x 表示面 $\frac{y^2}{b^2} + \frac{z^2}{c^2} \le 1 - \frac{x^2}{a^2}$.

它的面积为 $\pi(b\sqrt{1-\frac{x^2}{a^2}})(c\sqrt{1-\frac{x^2}{a^2}}) = \pi bc(1-\frac{x^2}{a^2})$，

于是 $\iiint\limits_{V} \dfrac{x^2}{a^2} dxdydz = \int_{-a}^{a} \dfrac{\pi bc x^2}{a^2}(1-\dfrac{x^2}{a^2})dx = \dfrac{4}{15}\pi abc$.

同理可得 $\iiint\limits_{V} \dfrac{y^2}{b^2} dxdydz = \dfrac{4}{15}\pi abc$，$\iiint\limits_{V} \dfrac{z^2}{c^2} dxdydz = \dfrac{4}{15}\pi abc$，

所以 $I = 3(\dfrac{4}{15}\pi abc) = \dfrac{4}{5}\pi abc$.

三、三重积分换元法

和二重积分一样，部分类型的三重积分作适当的变量变换后能使计算更简便.

设变换 T: $x = x(u,v,w)$，$y = y(u,v,w)$，$z = z(u,v,w)$，把 uvw 空间中的区域 V' 一对一地映射成 xyz 空间中的区域 V，并设函数 $x(u,v,w)$，$y(u,v,w)$，$z(u,v,w)$ 以及它们对应的一阶偏导数在 V' 内连续且函数行列式为

$$J(u,v,w) = \begin{vmatrix} \dfrac{\partial x}{\partial u} & \dfrac{\partial x}{\partial v} & \dfrac{\partial x}{\partial w} \\ \dfrac{\partial y}{\partial u} & \dfrac{\partial y}{\partial v} & \dfrac{\partial y}{\partial w} \\ \dfrac{\partial z}{\partial u} & \dfrac{\partial z}{\partial v} & \dfrac{\partial z}{\partial w} \end{vmatrix} \neq 0, \quad (u,v,w) \in V',$$

从而我们得到三重积分的换元公式：

$$\iiint\limits_{V} f(x,y,z) dxdydz = \iiint\limits_{V'} f[x(u,v,w), y(u,v,w), z(u,v,w)] |J(u,v,w)| dudvdw,$$

其中 $f(x,y,z)$ 在 V 上可积.

下面介绍常用的变换公式：

柱面坐标变换

$$T: \begin{cases} x = r\cos\theta, & 0 \leq r \leq +\infty \\ y = r\sin\theta, & 0 \leq \theta \leq 2\pi \\ z = z, & z \in \mathbf{R} \end{cases},$$

变换 T 的函数行列式为

$$J(r,\theta,z) = \begin{vmatrix} \cos\theta & -r\sin\theta & 0 \\ \sin\theta & r\cos\theta & 0 \\ 0 & 0 & 1 \end{vmatrix} = r,$$

则三重积分的柱面坐标换元公式为

$$\iiint\limits_{V} f(x,y,z) dxdydz = \iiint\limits_{V'} f(r\cos\theta, r\sin\theta, z) r drd\theta dz,$$

这里 V' 是 V 在柱面坐标变换下的原像.

与极坐标变换类似，柱面坐标变换并非是一对一的，并且当 $r=0$ 时，$J(u,v,w)=0$.

用柱面坐标计算三重积分的时候，通常是找出 V 在 xOy 平面上的投射区域 D，即当
$$V = \{(x,y,z) \mid z_1(x,y) \leq z \leq z_2(x,y), (x,y) \in D\}$$
时，
$$\iiint_V f(x,y,z)\mathrm{d}x\mathrm{d}y\mathrm{d}z = \iint_D \mathrm{d}x\mathrm{d}y \int_{z_1(x,y)}^{z_2(x,y)} f(x,y,z)\mathrm{d}z,$$

其中二重积分的部分可用极坐标去计算．

【例3】计算 $\iiint_V (x^2+y^2)\mathrm{d}x\mathrm{d}y\mathrm{d}z$，其中 V 是由曲面 $2(x^2+y^2)=z$ 与截面 $z=4$ 组成的区域．

解：如图

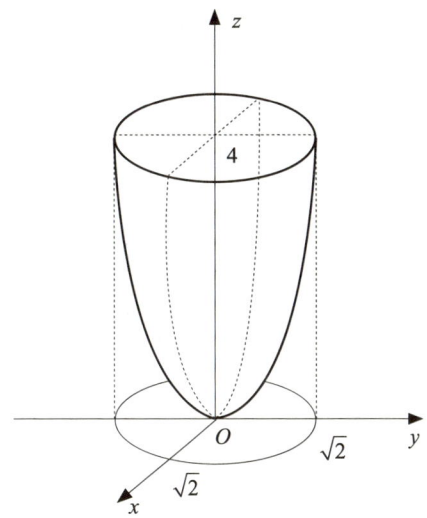

V 在 xOy 平面上的投射区域 D 为 $x^2+y^2 \leq 2$．按柱坐标变换，区域 V' 可表示为
$$V' = \{(r,\theta,z) \mid 2r^2 \leq z \leq 4,\ 0 \leq r \leq \sqrt{2},\ 0 \leq \theta \leq 2\pi\}.$$

所以有
$$\iiint_V (x^2+y^2)\mathrm{d}x\mathrm{d}y\mathrm{d}z = \iiint_{V'} r^3 \mathrm{d}r\mathrm{d}\theta\mathrm{d}z = \int_0^{2\pi}\mathrm{d}\theta \int_0^{\sqrt{2}}\mathrm{d}r \int_{2r^2}^4 r^3 \mathrm{d}z = \frac{8\pi}{3}.$$

本章练习

一、交换下列二次积分次序

1. $\int_0^1 dy \int_0^y f(x,y)dx$.

2. $\int_{-1}^0 dx \int_{x+1}^{\sqrt{x^2+1}} f(x,y)dy$.

3. $\int_0^1 dy \int_{\frac{1}{2}y^2}^{\sqrt{3-y^2}} f(x,y)dx$.

二、计算下列二次积分

4. $\int_{-2}^2 dx \int_0^{\sqrt{4-x^2}} \sqrt{x^2+y^2}\,dy$.

5. $\int_0^3 dx \int_0^{3-x} (2x+y)dy$.

三、计算下列二重积分

6. $\iint\limits_{D}(x-y^2)\mathrm{d}\sigma$,其中 $D=\{(x,y)|0\leqslant x\leqslant\pi,\ 0\leqslant y\leqslant\sin x\}$.

7. $\iint\limits_{D}\cos(x+y)\mathrm{d}\sigma$,其中 D 是由直线和 $x=0$,$y=\pi$ 和 $y=x$ 所围成的区域.

8. $\iint\limits_{D}xy\mathrm{d}\sigma$,其中 D 是 $(x-2)^2+y^2=1$ 的上半圆和 x 轴所围成的区域.

9. 化二次积分 $\int_0^1\mathrm{d}x\int_0^{\sqrt{1-x^2}}\dfrac{1}{1+x^2+y^2}\mathrm{d}y$ 为极坐标形式的二次积分并计算.

10. 计算二重积分 $\iint\limits_{D}\sqrt{y^2-x}\mathrm{d}\sigma$,其中 D 是由曲线 $y=\sqrt{x}$ 及直线 $y=1$,$x=0$ 围成的闭区域.

11. 交换二次积分 $I=\int_0^1\mathrm{d}x\int_{e^x}^{e}\dfrac{(2x+1)(2y+1)}{\ln y+1}\mathrm{d}y$ 的积分次序.

12. 计算二重积分 $\iint\limits_{D}(x^2+y^2)\mathrm{d}\sigma$,积分区域 $D=\{(x,y)|x^2+y^2\geqslant 1, |x|\leqslant 2, |y|\leqslant 2\}$.

13. 将二次积分 $I = \int_{-1}^{1} dx \int_{0}^{\sqrt{1-x^2}} e^{x^2+y^2} dy$ 化为极坐标形式的二次积分，并计算 I 的值．

14. 计算二重积分 $\iint\limits_{D} y d\sigma$，其中 D 是由直线 $y=x$，$y=x-2$，$y=0$，$y=2$ 围成的有界闭区域．

15. 计算二重积分 $\iint\limits_{D} \ln(x^2+y^2) d\sigma$，其中平面区域 $D = \{(x,y) | 1 \leq x^2+y^2 \leq 4\}$．

答案解析

一、交换下列二次积分次序

1. 解：分别写出积分上下限：$0 \leq y \leq 1$，$0 \leq x \leq y$，

   交换积分次序后的积分上下限为 $0 \leq x \leq 1$，$x \leq y \leq 1$，

   则交换后：原式 $= \int_{0}^{1} dx \int_{x}^{1} f(x,y) dy$．

2. 解：分别写出积分上下限：$-1 \leq x \leq 0$，$x+1 \leq y \leq \sqrt{x^2+1}$，
   交换积分次序后的积分上下限为

   D_1：$0 \leq y \leq 1$，$-1 \leq x \leq y-1$；

   D_2：$1 \leq y \leq \sqrt{2}$，$-1 \leq x \leq \sqrt{y^2-1}$．

   则交换后：原式 $= \int_{0}^{1} dy \int_{-1}^{y-1} f(x,y) dx + \int_{1}^{\sqrt{2}} dy \int_{-1}^{-\sqrt{y^2-1}} f(x,y) dx$．

3. 解：分别写出积分上下限：$0 \leq y \leq 1$，$\dfrac{1}{2} y^2 \leq x \leq \sqrt{3-y^2}$，

   交换积分次序后的积分上下限为

   D_1：$0 \leq x \leq 1$，$0 \leq y \leq \sqrt{2x}$；

   D_2：$1 \leq x \leq \sqrt{3}$，$0 \leq y \leq \sqrt{3-x^2}$，

   则交换后：原式 $= \int_{0}^{1} dx \int_{0}^{\sqrt{2x}} f(x,y) dy + \int_{1}^{\sqrt{3}} dx \int_{0}^{\sqrt{3-x^2}} f(x,y) dy$．

二、计算下列二次积分

4. 解：转化为极坐标得原式 $= \int_0^\pi d\theta \int_0^2 r^2 dr = \dfrac{8}{3}\pi$.

5. 解：原式 $= \int_0^3 (2xy + \dfrac{1}{2}y^2)\Big|_0^{3-x} dx = \int_0^3 (-\dfrac{1}{2}x^2 + 3x + \dfrac{9}{2})dx = \dfrac{27}{2}$.

三、计算下列二重积分

6. 解：原式 $= \int_0^\pi dx \int_0^{\sin x}(x-y^2)dy = \int_0^\pi (xy - \dfrac{1}{3}y^3)\Big|_0^{\sin x} dx = \pi - \dfrac{9}{4}$.

7. 解：原式 $= \int_0^\pi dx \int_x^\pi \cos(x+y)dy = \int_0^\pi \sin(x+\pi) - \sin 2x\, dx = -2$.

8. 解：原式 $= \int_1^3 dx \int_0^{\sqrt{1-(x-2)^2}} xy\, dy = \int_1^3 \dfrac{1}{2}x\left(4x - x^2 - 3\right)dy = \dfrac{4}{3}$.

9. 解：由给定的二次积分知，积分区域 $D = \{(x,y) | 0 \le y \le \sqrt{1-x^2},\ 0 \le x \le 1\}$ ，所以转换成极坐标系时画出区域 D（此处略），可表示为 $0 \le r \le 1$ ， $0 \le \theta \le \dfrac{\pi}{2}$ ，则有

$$\int_0^1 dx \int_0^{\sqrt{1-x^2}} \dfrac{1}{1+x^2+y^2}dy = \int_0^{\frac{\pi}{2}} d\theta \int_0^1 \dfrac{r}{1+r^2}dr = \dfrac{\pi}{2}\int_0^1 \dfrac{r}{1+r^2}dr = \dfrac{\pi}{4}\ln(1+r^2)\Big|_0^1 = \dfrac{\pi}{4}\ln 2 .$$

10. 解：在练习纸画出积分区域草图 D（此处略），则有

$$\iint_D \sqrt{y^2 - x}\, d\sigma = \int_0^1 dy \int_0^{y^2} \sqrt{y^2 - x}\, dx = \int_0^1 \left[-\dfrac{2}{3}(y^2 - x)^{\frac{3}{2}}\Big|_0^{y^2}\right]dy = \dfrac{2}{3}\int_0^1 y^3 dy = \dfrac{1}{6} .$$

11. 解：区域 $D = \{(x,y) | 0 \le x \le 1,\ e^x \le y \le e\}$ ，

交换积分次序，区域 D 也可表示为 $D = \{(x,y) | 0 \le x \le 1,\ e^x \le y \le e\}$ ，

所以有 $I = \int_1^e dy \int_0^{\ln y} \dfrac{(2x+1)(2y+1)}{\ln y + 1}dx$.

12. 解：原式 $= \int_{-2}^2 dx \int_{-2}^2 (x^2 + y^2)dy - \int_0^{2\pi} d\theta \int_0^1 r^3 dr = \int_{-2}^2 (4x^2 + \dfrac{16}{3})dx - \dfrac{1}{4}\int_0^{2\pi} d\theta = \dfrac{128}{3} - \dfrac{\pi}{2}$.

13. 解：由给定的二次积分知，积分区域 $D = \{(x,y) | -1 \le x \le 1,\ 0 \le y \le \sqrt{1-x^2}\}$ ，

则 $I = \int_0^\pi d\theta \int_0^1 e^{r^2} \cdot r\, dr = \int_0^\pi (\dfrac{1}{2}e^{r^2})\Big|_0^1 d\theta = \int_0^\pi (\dfrac{1}{2}e - \dfrac{1}{2})d\theta = \dfrac{\pi}{2}(e-1)$.

14. 解：原式 $= \int_0^2 dy \int_y^{y+2} y\, dx = 2\int_0^2 y\, dy = 4$.

15. 解：直角坐标转极坐标计算得

$$原式 = \int_0^{2\pi} d\theta \int_1^2 r \ln r^2 dr = \pi \int_1^2 \ln r^2 dr^2 = \pi(8\ln 2 - 3) .$$

第九章 无穷级数

考点梳理

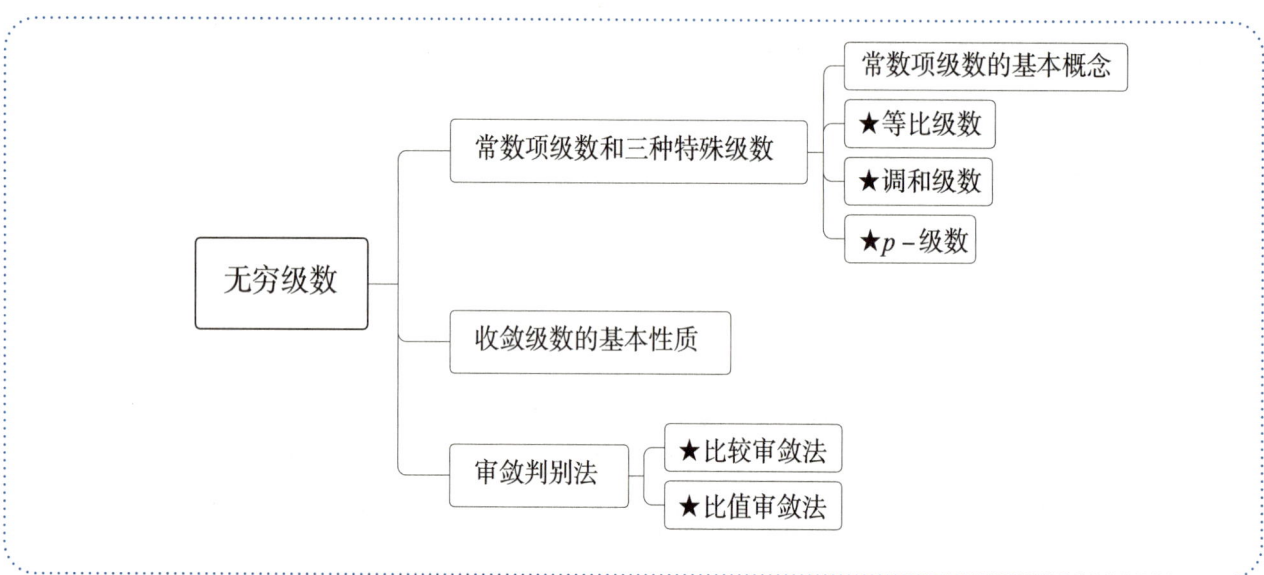

课前思考

1. 什么是无穷级数?
2. 三种特殊级数有哪些?
3. 收敛级数基本性质有哪些?
4. 如何证明级数的收敛和发散?

考点与要求

考　点	要　求
常数项级数的概念	理解
收敛级数的基本性质	理解
三种特殊级数的敛散性	掌握
常数项级数的审敛法	掌握

考点透析

一、常数项级数的基本概念

设有无穷数列 $\{a_n\}$，即

$$a_1, a_2, a_3, \cdots, a_n, \cdots,$$

将它的各项依次用加号连接起来的表达式

$$a_1 + a_2 + a_3 + \cdots + a_n + \cdots$$

称为常数项无穷级数，简称无穷级数或级数，简记为

$$\sum_{n=1}^{\infty} a_n,$$

其中第 n 项 a_n 称为该级数的一般项或通项．级数的前 n 项之和为 S_n，即

$$S_n = a_1 + a_2 + a_3 + \cdots + a_n = \sum_{k=1}^{n} a_k,$$

称之为该级数的部分和．

如果部分和数列 $\{S_n\}$ 有极限 S，即存在数 S，使得 $\lim\limits_{n\to\infty} S_n = S$ 成立，则称该级数收敛，其和为 S，记作 $\sum_{n=1}^{\infty} a_n = S$；否则，称该级数发散．

二、三种特殊级数

1. 等比级数（几何级数）

无穷级数

$$\sum_{n=1}^{\infty} aq^{n-1} = a + aq + aq^2 + \cdots + aq^{n-1} \ (a \neq 0),$$

其中 $a \neq 0$，q 叫做级数的公比．当 $|q| < 1$ 时收敛，其和为 $\dfrac{a}{1-q}$；当 $|q| \geq 1$ 时发散．

2. 调和级数

$$\sum_{n=1}^{\infty} \frac{1}{n} = 1 + \frac{1}{2} + \frac{1}{3} + \frac{1}{4} + \cdots + \frac{1}{n} + \cdots,$$

当 $n \to \infty$ 时，其 $S_n \to +\infty$，因此 $\lim\limits_{n\to\infty} S_n$ 不存在，调和级数发散．

3. p-级数

$$\sum_{n=1}^{\infty} \frac{1}{n^p}.$$

当 $p > 1$ 时收敛；当 $p \leq 1$ 时发散．

【例1】判定级数 $\sum\limits_{n=1}^{\infty} \dfrac{1}{\sqrt{n(n+1)}}$ 的敛散性．

解：$\frac{1}{\sqrt{n(n+1)}} > \frac{1}{\sqrt{(n+1)(n+1)}} = \frac{1}{n+1}$，因调和级数 $\sum\limits_{n=1}^{\infty}\frac{1}{n+1}$ 发散，

由比较判别法得 $\sum\limits_{n=1}^{\infty}\frac{1}{\sqrt{n(n+1)}}$ 发散．

【例2】判定无穷级数 $\sum\limits_{n=1}^{\infty}\frac{1}{n(n+1)}$ 的敛散性．

解：由于 $a_n = \frac{1}{n(n+1)} = \frac{1}{n} - \frac{1}{n+1}$，于是有

$$S_n = \sum_{k=1}^{n}\frac{1}{k(k+1)} = \frac{1}{1\times 2} + \frac{1}{2\times 3} + \frac{1}{3\times 4} + \cdots + \frac{1}{n(n+1)}$$

$$= (1-\frac{1}{2}) + (\frac{1}{2}-\frac{1}{3}) + (\frac{1}{3}-\frac{1}{4}) + \cdots + (\frac{1}{n}-\frac{1}{n+1})$$

$$= 1 - \frac{1}{n+1},$$

得 $\lim\limits_{n\to\infty}S_n = \lim\limits_{n\to\infty}(1-\frac{1}{n+1}) = 1$．

因此，该级数收敛，其和为1．

三、收敛级数的基本性质

性质1（级数收敛的必要条件）：若 $\sum\limits_{n=1}^{\infty}a_n$ 收敛，则必有 $\lim\limits_{n\to\infty}a_n = 0$．

推论：若 $\lim\limits_{n\to\infty}a_n \neq 0$（包括 $\lim\limits_{n\to\infty}a_n$ 不存在的情况），则 $\sum\limits_{n=1}^{\infty}a_n$ 发散．

性质2（线性性质）：设收敛级数 $\sum\limits_{n=1}^{\infty}a_n = A$，$\sum\limits_{n=1}^{\infty}b_n = B$，则对于任意常数 λ 和 μ，级数 $\sum\limits_{n=1}^{\infty}(\lambda a_n + \mu b_n)$ 也收敛，且其和为 $\lambda A + \mu B$．

性质3：级数 $\sum\limits_{n=1}^{\infty}a_n$ 与 $\sum\limits_{n=N+1}^{\infty}a_n$ 的敛散性相同（其中 N 为正整数）．

也就是说，在级数的前面去掉或增加有限项，不改变级数的敛散性．

性质4（收敛级数的可结合性）：对收敛级数的项任意加括号后所得到的新级数仍然收敛，且与原级数有相同的和．

四、正项级数的审敛判别法

1. 比较审敛法

设 $\sum\limits_{n=1}^{\infty}a_n$ 和 $\sum\limits_{n=1}^{\infty}b_n$ 都是正项级数，且 $a_n \leq b_n (n=1,2,3,\cdots)$，

（1）若 $\sum\limits_{n=1}^{\infty} b_n$ 收敛，则 $\sum\limits_{n=1}^{\infty} a_n$ 收敛；

（2）若 $\sum\limits_{n=1}^{\infty} a_n$ 发散，则 $\sum\limits_{n=1}^{\infty} b_n$ 发散.

推论：条件 $a_n \leq b_n (n=1,2,3,\cdots)$ 也可改为 $a_n \leq Cb_n (n=1,2,3,\cdots)$，其中 C 是正的常数.

比较审敛法的极限形式：

设 $\sum\limits_{n=1}^{\infty} a_n$ 和 $\sum\limits_{n=1}^{\infty} b_n$ 都是正项级数，且 $\lim\limits_{n\to\infty} \dfrac{a_n}{b_n} = l$，则

（1）当 $0 < l < +\infty$ 时，则 $\sum\limits_{n=1}^{\infty} a_n$ 和 $\sum\limits_{n=1}^{\infty} b_n$ 同时收敛或同时发散；

（2）当 $l = 0$ 时，且 $\sum\limits_{n=1}^{\infty} b_n$ 收敛，则 $\sum\limits_{n=1}^{\infty} a_n$ 收敛；

（3）当 $l = +\infty$ 时，且 $\sum\limits_{n=1}^{\infty} b_n$ 发散，则 $\sum\limits_{n=1}^{\infty} a_n$ 发散.

2. 比值审敛法

设 $\sum\limits_{n=1}^{\infty} a_n$ 是正项级数，若有常数 l 存在，使得 $\lim\limits_{n\to\infty} \dfrac{a_{n+1}}{a_n} = l$，则

（1）当 $l < 1$ 时，$\sum\limits_{n=1}^{\infty} a_n$ 收敛；

（2）当 $l > 1$（或 $\lim\limits_{n\to\infty} \dfrac{a_{n+1}}{a_n} = \infty$）时，$\sum\limits_{n=1}^{\infty} a_n$ 发散.

当 $l = 1$ 时，不能用此法.

3. 根值审敛法

设 $\sum\limits_{n=1}^{\infty} a_n$ 是正项级数，若有常数 l 存在，使得 $\lim\limits_{n\to\infty} \sqrt[n]{a_n} = l$，则

（1）当 $l < 1$ 时，$\sum\limits_{n=1}^{\infty} a_n$ 收敛；

（2）当 $l > 1$（或 $\lim\limits_{n\to\infty} \sqrt[n]{a_n} = \infty$）时，$\sum\limits_{n=1}^{\infty} a_n$ 发散.

当 $l = 1$ 时，不能用此法.

【例3】判定级数 $\sum\limits_{n=1}^{\infty} \dfrac{3^n}{n!}$ 的敛散性.

解：因为 $\lim\limits_{n\to\infty} \dfrac{a_{n+1}}{a_n} = \lim\limits_{n\to\infty} \dfrac{\dfrac{3^{n+1}}{(n+1)!}}{\dfrac{3^n}{n!}} = \lim\limits_{n\to\infty} \dfrac{3}{n+1} = 0 < 1$，

根据比值审敛法，级数 $\sum\limits_{n=1}^{\infty} \dfrac{3^n}{n!}$ 收敛.

【例4】判定级数 $\frac{1}{2}+\frac{1}{5}+\frac{1}{10}+\frac{1}{17}+\cdots+\frac{1}{n^2+1}$ 的敛散性.

解：由题意可知，该级数为 $\sum_{n=1}^{\infty}\frac{1}{n^2+1}$，因为 $\frac{1}{n^2+1}<\frac{1}{n^2}$，

而 $\sum_{n=1}^{\infty}\frac{1}{n^2}$ 收敛，根据比较审敛法，原级数也收敛.

本章练习

一、选择题

1. 设有以下命题：

①若 $\sum_{n=1}^{\infty}(u_{2n-1}+u_{2n})$ 收敛，则 $\sum_{n=1}^{\infty}u_n$ 收敛；

②若 $\sum_{n=1}^{\infty}u_n$ 收敛，则 $\sum_{n=1}^{\infty}u_{n+100}$ 收敛；

③若 $\lim_{n\to\infty}\frac{u_{n+1}}{u_n}>1$，则 $\sum_{n=1}^{\infty}u_n$ 发散；

④若 $\sum_{n=1}^{\infty}(u_n+v_n)$ 收敛，则 $\sum_{n=1}^{\infty}u_n$，$\sum_{n=1}^{\infty}v_n$ 都收敛；

则以上命题正确的是（　　）.

A. ①② B. ②③ C. ③④ D. ①④

2. 若正项级数 $\sum_{n=1}^{\infty}a_n$ 收敛，则（　　）

A. $\sum_{n=1}^{\infty}\sqrt{a_n}$ 收敛　　　　　　　　B. $\sum_{n=1}^{\infty}a_n^2$ 收敛

C. $\sum_{n=1}^{\infty}(a_n+C)^2$（$C$ 为常数）收敛　　D. $\sum_{n=1}^{\infty}(a_n+C)$（$C$ 为常数）收敛

3. 若级数 $\sum_{n=1}^{\infty}u_n$ 收敛，则下列级数中收敛的是（　　）

A. $\sum_{n=1}^{\infty}\frac{u_n}{2}$ B. $\sum_{n=1}^{\infty}(u_n+2)$ C. $\sum_{n=1}^{\infty}\frac{2}{u_n}$ D. $\sum_{n=1}^{\infty}(u_n-2)$

二、填空题

4. 级数 $\sum_{n=1}^{\infty}\left[\frac{1}{(2n-1)(2n+1)}\right]$ 的和为_____.

5. 级数 $\sum_{n=1}^{\infty}\left[\frac{1}{2^n}+\frac{1}{(n+1)(n+2)}\right]$ 的和为_____.

6. 若级数 $\sum_{n=1}^{\infty} u_n = 3$，$\sum_{n=1}^{\infty} v_n = 5$，则 $\sum_{n=1}^{\infty} (5u_n - 2v_n) = $ _____ ．

三、判断下列级数的收敛性

7. $\sum_{n=1}^{\infty} \dfrac{1}{n\sqrt{n+1}}$．

8. $\sum_{n=1}^{\infty} \dfrac{n+1}{n^2+1}$．

9. $\sum_{n=1}^{\infty} \dfrac{2n-1}{2^n}$．

10. $\sum_{n=1}^{\infty} \dfrac{n^2}{3^n+1}$．

11. $\sum_{n=1}^{\infty} \dfrac{n^n}{2^n n!}$．

12. $\sum_{n=1}^{\infty} \left(\dfrac{2}{3^n} - \dfrac{1}{n^3}\right)$．

13. $\sum_{n=1}^{\infty} \dfrac{n}{|\sin n|+2^n}$.

14. $\sum_{n=1}^{\infty} \left(\dfrac{1}{n^2} + \dfrac{4^n}{n!}\right)$.

15. $\sum_{n=1}^{\infty} \left(\dfrac{n}{n+1} + \dfrac{1}{n^2}\right)$.

答案解析

一、选择题

1. 答案：B.

解析：根据级数基本性质3，②正确；根据比值审敛法，③正确，故选B.

2. 答案：B.

解析：因为 $\sum_{n=1}^{\infty} a_n$ 收敛，$\lim_{n\to\infty} a_n = 0$，当 n 足够大时，$a_n^2 \leq a_n < 1$，则 $\sum_{n=1}^{\infty} a_n^2$ 收敛，故选B.

3. 答案：A.

解析：因为 $\sum_{n=1}^{\infty} u_n$ 收敛，$\sum_{n=1}^{\infty} \dfrac{u_n}{2} = \dfrac{1}{2}\sum_{n=1}^{\infty} u_n$ 收敛，故选A.

二、填空题

4. 答案：$\dfrac{1}{2}$.

解析：$\sum_{n=1}^{\infty} \left[\dfrac{1}{(2n-1)(2n+1)}\right] = \dfrac{1}{2}\sum_{n=1}^{\infty} \left(\dfrac{1}{2n-1} - \dfrac{1}{2n+1}\right)$，则 $\lim_{x\to\infty} S_n = \lim_{x\to\infty} \dfrac{1}{2}\left(1 - \dfrac{1}{2n+1}\right) = \dfrac{1}{2}$，

所以 $\sum_{n=1}^{\infty} \left[\dfrac{1}{(2n-1)(2n+1)}\right] = \dfrac{1}{2}$.

5. 答案：$\dfrac{3}{2}$.

解析：$\sum\limits_{n=1}^{\infty}\left[\dfrac{1}{2^n}+\dfrac{1}{(n+1)(n+2)}\right]=\sum\limits_{n=1}^{\infty}\left(\dfrac{1}{2^n}+\dfrac{1}{n+1}-\dfrac{1}{n+2}\right)$，则 $\lim\limits_{x\to\infty}S_n=\lim\limits_{x\to\infty}(1+\dfrac{1}{2}-\dfrac{1}{n+2})=\dfrac{3}{2}$，所以

$\sum\limits_{n=1}^{\infty}\left[\dfrac{1}{2^n}+\dfrac{1}{(n+1)(n+2)}\right]=\dfrac{3}{2}$.

6. 答案：5.

解析：根据收敛级数性质2，$\sum\limits_{n=1}^{\infty}(5u_n-2v_n)=15-10=5$.

三、判断下列级数的收敛性

7. 解：$\lim\limits_{n\to\infty}\dfrac{1}{n\sqrt{n}}\Big/\dfrac{1}{n\sqrt{n+1}}=\sqrt{\dfrac{n+1}{n}}=1\in(0,+\infty)$，又因为 $\sum\limits_{n=1}^{\infty}\dfrac{1}{n\sqrt{n}}=\sum\limits_{n=1}^{\infty}\dfrac{1}{n^{\frac{3}{2}}}$ 收敛（$p-$级数收敛），

所以 $\sum\limits_{n=1}^{\infty}\dfrac{1}{n\sqrt{n+1}}$ 收敛.

8. 解：$\lim\limits_{n\to\infty}\dfrac{n}{n^2}\Big/\dfrac{n+1}{n^2+1}=\lim\limits_{n\to\infty}\dfrac{n^2+1}{n^2}\cdot\dfrac{n}{n+1}=\lim\limits_{n\to\infty}(1+\dfrac{1}{n^2})\dfrac{n}{n+1}=1\in(0,+\infty)$，又因为 $\sum\limits_{n=1}^{\infty}\dfrac{n}{n^2}=\sum\limits_{n=1}^{\infty}\dfrac{1}{n}$

发散（调和级数），所以 $\sum\limits_{n=1}^{\infty}\dfrac{n+1}{n^2+1}$ 发散.

9. 解：$\lim\limits_{n\to\infty}\dfrac{2(n+1)-1}{2^{n+1}}\Big/\dfrac{2n-1}{2^n}=\lim\limits_{n\to\infty}\dfrac{2^n}{2^{n+1}}\cdot\dfrac{2n+1}{2n-1}=\dfrac{1}{2}\cdot(1+\dfrac{2}{2n-1})=\dfrac{1}{2}<1$，所以 $\sum\limits_{n=1}^{\infty}\dfrac{2n-1}{2^n}$ 收敛.

10. 解：解法一：显然 $\dfrac{n^2}{3^n+1}<\dfrac{n^2}{3^n}$，$\lim\limits_{n\to\infty}\dfrac{(n+1)^2}{3^{n+1}}\Big/\dfrac{n^2}{3^n}=\lim\limits_{n\to\infty}\dfrac{(n+1)^2}{3^{n+1}}\cdot\dfrac{3^n}{n^2}=\lim\limits_{n\to\infty}\dfrac{(n+1)^2}{3n^2}=\dfrac{1}{3}<1$，

由比值审敛法知，级数 $\sum\limits_{n=1}^{+\infty}\dfrac{n^2}{3^n}$ 收敛，由比较审敛法知 $\sum\limits_{n=1}^{+\infty}\dfrac{n^2}{3^n+1}$ 收敛.

解法二：$\lim\limits_{n\to\infty}\dfrac{(n+1)^2}{3^{n+1}+1}\Big/\dfrac{n^2}{3^n+1}=\lim\limits_{n\to\infty}\dfrac{(n+1)^2}{n^2}\cdot\dfrac{3^n+1}{3^{n+1}+1}=\lim\limits_{n\to\infty}\dfrac{(n+1)^2}{n^2}\cdot\dfrac{1+\dfrac{1}{3^n}}{3+\dfrac{1}{3^n}}=\dfrac{1}{3}<1$，

由比值审敛法知 $\sum\limits_{n=1}^{+\infty}\dfrac{n^2}{3^n+1}$ 收敛.

11. 解：设 $a_n=\dfrac{n^n}{2^n n!}$，则 $a_{n+1}=\dfrac{(n+1)^{n+1}}{2^{n+1}(n+1)!}$，

$\lim\limits_{n\to+\infty}\dfrac{a_{n+1}}{a_n}=\lim\limits_{n\to+\infty}\dfrac{1}{2}(1+\dfrac{1}{n})^n=\dfrac{e}{2}>1$，根据比值审敛法可知，原级数发散.

12. 解：$\sum\limits_{n=1}^{\infty}\dfrac{2}{3^n}=2\sum\limits_{n=1}^{\infty}\dfrac{1}{3^n}$ 是公比为 $\dfrac{1}{3}$ 的收敛的等比级数，$\sum\limits_{n=1}^{\infty}\dfrac{1}{n^3}$ 是 $p=3$ 的收敛的级数，

收敛 – 收敛 = 收敛，则级数 $\sum_{n=1}^{\infty}(\frac{2}{3^n}-\frac{1}{n^3})$ 收敛．

13. 解：$a_n = \dfrac{n}{|\sin n|+2^n} < b_n = \dfrac{n}{2^n}$

$\lim\limits_{n\to+\infty}\dfrac{b_{n+1}}{b_n} = \lim\limits_{n\to+\infty}\dfrac{n+1}{2n} = \dfrac{1}{2} < 1$，则根据比值审敛法可知级数 $\sum_{n=1}^{\infty} b_n$ 收敛，

因此根据比较审敛法可知原级数收敛．

14. 解：令 $a_n = \dfrac{1}{n^2}$，$b_n = \dfrac{4^n}{n!}$，

级数 $\sum_{n=1}^{\infty} a_n$ 是 $p=2$ 的级数，为收敛级数，

$\lim\limits_{n\to+\infty}\dfrac{b_{n+1}}{b_n} = \lim\limits_{n\to+\infty}\dfrac{4}{n+1} = 0$，根据比值审敛法可知，级数 $\sum_{n=1}^{\infty} b_n$ 为收敛级数，

根据级数收敛的性质：收敛 + 收敛 = 收敛，可知原级数收敛．

15. 解：$\lim\limits_{n\to+\infty}\dfrac{n}{n+1} = 1$，则级数 $\sum_{n=1}^{\infty}\dfrac{n}{n+1}$ 为发散级数，级数 $\sum_{n=1}^{\infty}\dfrac{1}{n^2}$ 是收敛级数，根据发散 + 收敛 = 发散，

则级数 $\sum_{n=1}^{\infty}(\dfrac{n}{n+1}+\dfrac{1}{n^2})$ 为发散级数．